知識ゼロからのお経入門

瓜生中

幻冬舎

はじめに

今から約二五〇〇年前、釈迦《しゃか》はインドの菩提樹《ぼだいじゅ》の下で偉大な悟りを開いた。悟りを開いた後の釈迦は、その内容があまりにも深遠で言語で表現することができない。たとえ、その内容を人に語ったとしても誤解される恐れがある。このように考えた釈迦は、いっそ人には明かさずに自分だけ悟りの境地に浸っていようと思った。

そんな釈迦の心中をさとった梵天《ぼんてん》が是非とも人々に悟りの内容を説いてくれるようにと熱心に懇願した。梵天の再三にわたる懇願に釈迦も重い腰を上げ、最初の説法をしたのである。釈迦はすべての人が進むべき正しい道を発見した。釈迦の教えにしたがって道を進めば必ず正しい目的地に到達することができる。つまり、苦しんだり悲しんだりすることなく人々は幸せに暮らすことができるのだ。

三五歳で悟りを開いた釈迦は、八〇歳で亡くなるまでの四五年間、インド各地を巡って説法を続けた。その説法をもとに長い時間をかけて経典がまとめられたのである。その経典は中国を経て日本にも伝えられ、今もわれわれの生活や人生の糧として役立っている。

小著では膨大な経典の中から、『般若心経《はんにゃしんぎょう》』や『法華経《ほけきょう》』のようによく知られている経典をはじめ、重要な経典の概要や成り立ち、経典にまつわるエピソードなどをイラストや写真も入れて平易に解説した。お経には何が書いてあるのか分からない、お経は難しいとお考えの方が、小著を手引きとしていただければ幸いである。

平成二五年初秋

瓜生　中

CONTENTS もくじ

第2章 釈迦の言動を色濃く残す初期のお経

第3章 インドで作られたお経

第4章 中国で独特の発展を遂げたお経

第5章 日本独自のお経

第1章 お経のなりたち

仏教の開祖・釈迦の生涯

王族の子として生まれる

仏教の開祖・釈迦《しゃか》は、今から約二五〇〇年前、インドの王族の子として生まれた。生まれたのはカピラヴァストゥという王国で、現在のインドとネパールの国境付近と推定されている。父はこの国の国王で浄飯王《じょうぼんのう》といい、母は隣国の皇女で、摩耶夫人《まやぶにん》といった。幼名をゴータマ・シッダールタといい、悟りを開いた後には尊称して釈迦牟尼世尊《むにせそん》などと呼ばれるようになった。

釈迦は彼が属していたシャカ族という部族名に由来し、牟尼は聖者、世尊は文字通り、世の尊敬に値する人という意味である。つまり、その釈迦牟尼世尊を略して世尊、または、上下の一字ずつをとって釈尊《しゃくそん》などと呼ばれている。世尊、釈尊は尊称である。

生まれて七日目に実母の摩耶夫人を亡くしたが、その後は乳母に育てられ、王子として何不自由のない暮らしをした。しかし、幼少のころから聡明で思慮深かった釈迦は、長ずるにしたがってしだいに人生をいかに生きるべきかという問題に悩むようになる。

三五歳で悟りを開く

一六歳ぐらいのときに結婚し、間もなく男児が生まれた。そして、その子どもが一〇歳を過ぎたころ、釈迦が二九歳のとき、人生の一大事を解決する道を求めた釈迦は、地位、財産、係累のすべてを捨てて出家し、一枚の破《や》れ衣《ごろも》をまとって修行の旅に上った。それから六年間、死に至るほどの苦行をしたが、求める道に至ることができなかった。

苦行で道を極めることを諦めた釈迦は、苦行をあっさりと捨ててナイランジャーという川のほとりの一本の菩提樹《ぼだいじゅ》の下で坐禅を組んだ。そして、三日目(諸説あり)の暁近く、ついに偉大な悟りを開いたのである。

ときに釈迦は三五歳。

悟りを開いた釈迦は、その悟りの内容をかつて苦行をともにしていた五人の修行者に説いた。この最初の説法を「初転法輪《しょてんぽうりん》」といい、ここに釈迦の教えが他者に伝えられ、仏教伝播《でんぱ》のもとができたのである。

悟りを開いた釈迦は、5人の僧に最初の説法をした。

釈迦の入滅

それから四五年間、インド各地を巡って仏教の教えを広め、八〇歳で沙羅双樹《さらそうじゅ》の下で弟子たちに遺訓を残して入滅《にゅうめつ》（亡くなること）した。多くの弟子や在家の信者たちが集まって釈迦の最期を惜しみ、その遺骸は在家の信者の手で丁重に荼毘《だび》にふされた。

このとき、インド各地から八つの有力な部族の王が大勢の部下を連れて弔問に来ていた。そして、釈迦の遺骨を自分の国に持ち帰ってまつるのだと、それぞれの部族が主張しはじめ、しだいに険悪な空気が漂って一触即発の事態になった。

このとき、ドーナという青年が仲裁に入り、「争いごとを厳しく戒めた釈迦の遺骨を巡ってそのような争いをするのは言語道断である。遺骨は八つの部族に公平に分配し、それぞれの国にまつったらどうか」と提案した。この提案にそれぞれの部族も納得し、各々遺骨を持ち帰ってストゥーパ（仏塔《ぶっとう》）をたててまつったという。

以降、仏教徒はこの仏塔に行って釈迦の遺徳《いとく》を偲《しの》び、信仰を深めていった。そして、仏塔が仏教普及の原動力となったのである。

さまざまな伝説が生まれる

以上のような釈迦の伝記は二〇〇〇年以上にわたって語り継がれ、かつては釈迦の実在を歴史的に考証しようとする人はいなかった。偉大な仏教の開祖が実在の人物であるかどうかを疑うなど不謹慎であると考えられていたのだ。そして、時代とともに伝記にさまざまな伝説が加わった。

釈迦は摩耶夫人の右脇腹から生まれたとされる。

仏弟子

経典には釈迦の存命中、1250人の出家の弟子がいたと説かれている。その中で特に優れた弟子を「十大弟子《じゅうだいでし》」といい、釈迦亡き後は彼らが教団をまとめて仏教を広めていった。経典の中にたびたび登場するアーナンダ(阿難《あなん》)も十大弟子の一人。彼はいちばん若手で、釈迦の従兄といわれ、常に釈迦につき従って身の回りの世話をしていたという。ただし、他の十大弟子と違ってなかなか高い境地に達することができず、釈迦の死に際して十大弟子の中でただ一人号泣したとされる。「アーナンダの号泣」は仏教では有名な話だ。

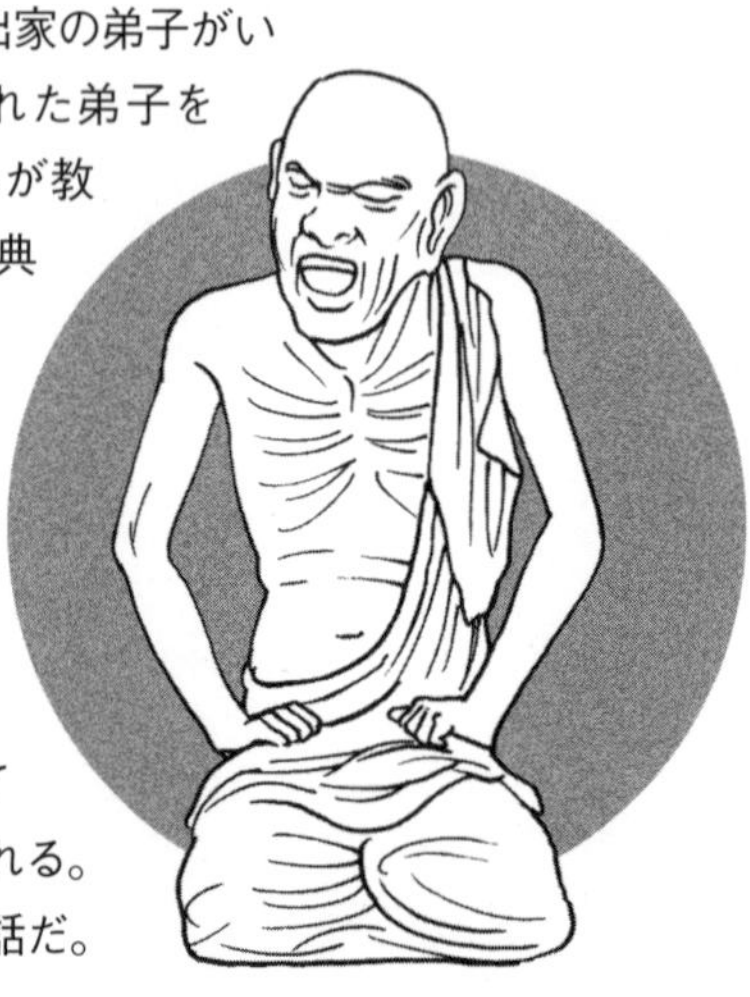

たとえば、釈迦は摩耶夫人の右脇腹から生まれ、生まれてすぐに七歩あるいて「天上天下唯我独尊《てんじょうてんげゆいがどくそん》」と言った。また、生まれたときや、悟りを開いたとき、涅槃《ねはん》に入ったときには、ときならずしてあらゆる花が満開になり、大地が激しく振動した、などという伝説が付け加えられていったのである。そして、これらの伝説を仏教徒の多くはほとんど疑うことなく信じていた。

釈迦は実在の人物だと証明される

一九世紀にインドに進出したヨーロッパ人たちの中にインドの文化や歴史、仏教に興味を持つ人々があらわれた。そして、彼らが仏教の科学的、学問的研究を行った結果、釈迦の実像がしだいに明らかになってきた。彼らは仏典を他の古文書《こもんじょ》と同じように学問的に研究し、さまざまな考古学的資料を発掘して史実を一つずつ確かめていったのである。

そして、一八九八年、ペッペというイギリス人が釈迦の遺骨をまつった仏塔を発掘し、その中から壺に入った遺骨を発見した。壺にはシャカ族の聖者をまつったという銘文が刻まれており、その後、古文書や経典の記述と照合した結果、これが釈迦の本物の遺骨であることが判明した。これによって釈迦が歴史的人物であることが証明されたのである。

ちなみにこのとき発見された仏舎利《ぶっしゃり》（釈迦の遺骨）はタイ国王が譲り受け、その一部が日本に贈られて名古屋市の覚王山日泰寺《かくおうざんにったいじ》に納められている。

釈迦の幼名、ゴータマの意味

「ゴー」は牛、「タマ」は最上のという意味。インドでは太古から牛が神聖視されるが、釈迦の幼名にはその神聖な中でも最上という有難い名前が付いているのだ。もちろん、これが実名だったかどうかは分からない。おそらく後世の仏教徒がその偉業をたたえて幼少のころから最上の牛にたとえられるほど素晴らしい子どもだったということで付けた名だろう。また、シッダールタは「目的を成就した人」という意味である。こちらは偉大な悟りを開いたことをたたえて付けられた名だ。

お経を書いたのはだれか

お経はだれが説いたか

『般若心経《はんにゃしんぎょう》』の正式な題名は『仏説摩訶般若波羅蜜多心経《ぶっせつまかはんにゃはらみったしんぎょう》』。たいていのお経の表題には「仏説」という語が付いている。仏は仏陀《ぶっだ》の略で、すなわち仏教の開祖、釈迦のことだ。したがって仏説とは「釈迦が説いた」という意味である。

仏教は今から約二五〇〇年前に釈迦が悟りを開き、その悟りの内容を人々に説いたことにはじまる。だから最初の経典はたしかに仏説（釈迦の直説）からはじまったことは間違いない。

そして、本書の中でもご紹介する『ダンマパダ（法句経《ほっくきょう》）』や『大般涅槃経《だいはつねはんぎょう》』といった初期の経典の中には、確かに釈迦の肉声に近いものが含まれていると考えられている。そのことは近年の研究で分かってきているのである。

釈迦が亡くなった後に作られたお経もある

しかし、『般若心経』や『法華経《ほけきょう》』などのお経は、紀元一世紀以降、大乗仏教《だいじょうぶっきょう》が登場してから作られたもの

お経には釈迦の肉声が含まれている。

である。つまり、釈迦が亡くなってから五〇〇年以上経《た》ってから登場したものだ。中には釈迦が亡くなってから一〇〇〇年以上の歳月を経て作られた大乗経典も少なくない。

つまり、大乗経典は後の仏教徒たちが釈迦が存命中に説いたことを研究して、その時代や信者の要望に適したお経を作り出したものである。阿弥陀如来《あみだにょらい》や薬師《やくし》如来、弥勒菩薩《みろくぼさつ》などは釈迦が亡くなってから数百年後に登場したのであるが、これらの仏、菩薩の来歴や功徳についても釈迦が人々に説き聞かせる体裁になっているのだ。

「仏説」の由縁

したがって、これらの大乗経典は釈迦が説いたものではないことは明らかであるが、これを釈迦が説いたことにして広めていった。これが大乗経典が「仏説」といわれる由縁である。ただし、そのような経緯で作られた大乗経典ではあっても、各所に釈迦の教えが述べられていることは間違いないのである。その根本は釈迦の教えなのである。

大乗仏教が伝えられた中国や日本では、いわゆる小《しょう》乗《じょう》仏教は次元の低い教えであるとしてあまり顧みられることがなかった。また、日本では江戸時代までは大乗経典が釈迦の直説《じきせつ》（釈迦が実際に説いた教え）かどうかなどということを疑うこともなかった。

すなわち、すべての大乗経典は仏説（釈迦が説いたもの）として受け入れられてきたのである。

「仏説」に異議を唱えた江戸時代の思想家

江戸時代の思想家・富永仲基《とみながなかもと》（1715～1746）は『出定後語《しゅつじょうごご》』という書物で、仏典の批判的研究を行った。膨大な仏典はすべて釈迦が説いたものといわれているが、釈迦の直説は「阿含経《あごんきょう》」の中のごく一部に過ぎないことを主張した。これは当時としては極めて画期的な見解だった。仲基自身は仏教排斥論者ではなく、一種の合理主義者だったが、その見解は結果的に本居宣長《もとおりのりなが》や平田篤胤《ひらたあつたね》らの国学者に歓迎され、排仏論の急先鋒となった。

お経は何語で書かれたのか

釈迦は何語で説法していたのか

釈迦の時代にはすでに文字はあったが、その教えは口承《こうしょう》されていた。それでは、釈迦は何語で説法をし、弟子や信者たちと会話を交わしていたのだろうか。インドは古くから多民族国家で、多くの言語が使われていたが、釈迦はインド各地の言語に通じており、行く先々の土地の言葉を自在に操って説法をしたという。

ただし、当時、釈迦が布教活動をしていたのは主にガンジス川の中流域で、この地方では古代マガダ語という言葉が広く使われていたといい、釈迦もその説法の多くは古代マガダ語で行っていたと考えられている。

そして、しだいに経典が整備されてくるとパーリ語という言葉が聖典用語として使われるようになる。『ダンマパダ（法句経）』や『長老偈《ちょうろうげ》』など初期の仏典の多くはパーリ語で説かれている。セイロン（現在のスリランカ）や東南アジアの国々にはパーリ語の仏典が伝えられた。

ただし、このパーリ語には文字がないため、その表記はセイロンのシンハリ文字やビルマ（現在のミャンマー）のビルマ文字、タイのシャム文字などで行われてきた。

サンスクリット語で書かれた大乗経典

次に紀元一世紀以降に作られた大乗経典の多くはサンスクリット語で書かれている。この言語はインドで古くから使われていたが、紀元前三世紀ごろにパーニニという大文法学者が文法体系を完成した。

サンスクリットとは「完成された」という意味で、中国や日本ではインドの最高神、梵天《ぼんてん》が作ったということで「梵語《ぼんご》」と呼ばれている。

パーニニが完成したサンスクリット語は、その後、文法体系が変わっていない。だから、二〇〇〇年近く前に書かれた経典を現在でも読むことができるのである。

そして、パーリ語の仏典についてはセイロンや東南アジアにそのままの形で伝えられ、特に翻訳されることもなかった。したがって、小乗仏教の国々では、今でもパーリ語でお経が唱えられている。

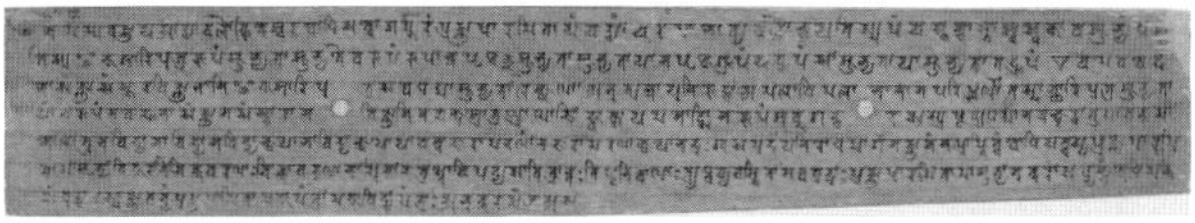

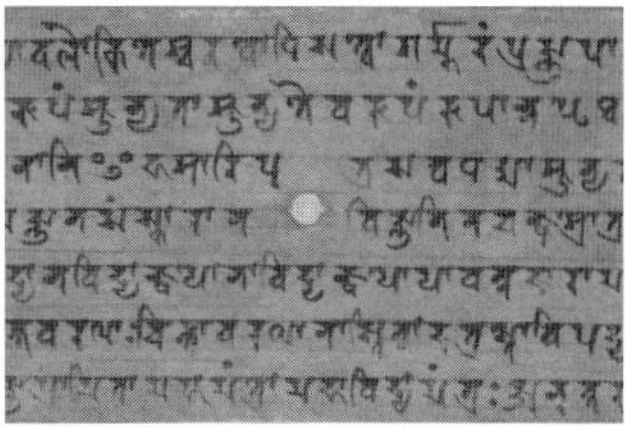

（上）サンスクリット語で書かれた経典。
（右）経典の一部を拡大したところ。

日本に伝えられた経典は何語か

これに対して、大乗経典の方は中央アジアを経て中国に伝わったが、中国では伝来当初から盛んに翻訳が行われた。このように中国で翻訳された仏典（漢訳《かんやく》仏典）が朝鮮半島を経由して日本に伝えられた。『法華経』や『般若心経』など日本で親しまれている経典も、早い時代に中国で翻訳されたものがそのまま伝えられたものだ。たとえば、『法華経』は五世紀はじめの鳩摩羅什《くまらじゅう》という人の訳、『般若心経』は七世紀に活躍した玄奘三蔵《げんじょうさんぞう》の訳が現在も使われているのである。

チベット語やモンゴル語でも書かれた

７世紀にチベットに仏教が伝えられると、ここでも盛んに翻訳が行われるようになった。チベット語の仏典は、大乗仏教の研究には極めて貴重な資料が多い。また、チベットに隣接したモンゴルにも仏教が伝えられ、モンゴル語訳の仏典も見られる。

さらに、かつてシルクロード沿いの国々でも仏教は信仰され、仏典の翻訳が行われた。王国の多くは衰退して砂漠に埋もれてしまったが、近世になって翻訳された仏典の断片が発見されている。このように仏典は広い地域に広がり、各国語で翻訳されたのだ。

お経は三つに分類される

お経には三つのジャンルがある

古くから釈迦は「八万四千法門《はちまんしせんのほうもん》」を説いたといわれている。つまり、八万四〇〇〇種類の教えを説いたというのだ。これはもちろん実数ではないが、たしかに経典は膨大な数に上る。

この膨大な経典のほとんどを収録した『一切経《いっさいきょう》』『大蔵経《だいぞうきょう》』という叢書《そうしょ》が早くから中国や日本などで編纂《へんさん》されているが、現在、日本で一般に使われている『大正新脩大蔵経《しんしゅう》』という叢書は電話帳ほどの厚さの本が一〇〇冊にも上る。

そして、このような膨大な経典はその内容から経《きょう》・律《りつ》・論《ろん》の三つのジャンルに分類される。

経・律・論とは

経は釈迦が説いた教えで、仏教の思想や戒めの言葉などが説かれたもの。たとえば、『法華経』とか『阿弥陀経《あみだきょう》』などといった経典がこれにあたる。ただし、前にも述べたようにこれらの経典は釈迦が亡くなってから数百年経ってから出来上がったものである。

律はいわゆる戒律《かいりつ》のことで仏教の教団の規律。「殺生をしてはいけない」とか、「お酒を飲んではいけない」などというさまざまな規則を説いたもの。男性の僧侶が守らなければならない戒律は二五〇、尼僧《にそう》では三四八ある。

そして、戒律の運用規定、すなわち戒律を犯したときにどのように償うかといったことも事細かに説かれている。したがって、律は膨大な分量になる。

論は、経や律に対する注釈書、または経や論について後世の学僧が独自の理論を展開した思想書だ。たとえば、『法華経』や『阿弥陀経』などに対する注釈書、あるいは仏教哲学を説いた思想書である。

この経・律・論の仏典を納めた蔵という意味で三蔵《さんぞう》といい、仏教の経典はこの三つがあってはじめて完全なものになる。そして、この三蔵をすべて読破して仏教に精通した僧侶のことを三蔵法師と呼ぶのである（18ページを参照）。

また、三蔵の中では経蔵が最初に編纂され、次に律蔵、そして、最後に論蔵が出来上がった。論蔵は経蔵と律蔵の注釈書であるから、当然のことながら遅れて成立したのである。

戒律の見直しを主張した改革派

釈迦が亡くなってから一〇〇年ほど経ったとき、教団内に戒律について異論が持ち上がった。

若手の改革派の僧侶たちは「釈迦が亡くなって一〇〇年も経っているのだから、戒律も時代に即したものに変えよう」と主張した。これに対して保守的な長老たちは、釈迦が定めた戒律を「みだりに変えることは断じてあってはならない」と主張した。

けっきょく、両者の主張は折り合いが付かず、若手の主張はやがて大乗仏教の源流になり、長老たちは釈迦の時代と寸分違わない、いわゆる小乗仏教を信奉するようになったといわれている。

そこで、戒律の決定版を作るべく、律蔵が編纂されたという。

さらに一〇〇年ほど経った紀元前三世紀ごろ、経と律についての注釈書である論蔵が編纂され、三蔵が完成したといわれている。

経・律・論の三つを読破した僧侶を三蔵法師と呼ぶ。

三蔵法師は一人ではない

三蔵法師とは

三蔵《さんぞう》法師というと、『西遊記《さいゆうき》』でお馴染《なじ》みの玄奘三蔵（六〇〇～六六四）の固有名詞のように思われている。しかし、三蔵法師と呼ばれている人は他にも大勢いるのだ。

前項で述べたように、お経は経蔵、律蔵、論蔵の三蔵からなり、この三つのジャンルを読破して、仏教の奥義に精通している高僧を尊称して三蔵法師と呼ぶのである。

三蔵法師の名前はすでにインドにもあったが、中国では仏典の翻訳に従事した人を特に「訳経《やっきょう》三蔵」と呼んでその功績をたたえている。中国で三蔵法師の称号がはじめて使われたのは南朝宋《そう》（四二〇～四七九）の時代のことだが、それ以前の高僧にも遡《さかのぼ》って三蔵法師の称号が贈られるようになった。

現存する仏典を翻訳した訳経三蔵は一五〇人以上いるが、中でも羅什《らじゅう》三蔵（鳩摩羅什、三四四～四一三ごろ）、真諦《しんだい》三蔵（四九九～五六九）、玄奘三蔵、不空《ふくう》三蔵（七〇五～七七四）の四人は「四大《しだい》翻訳家」として重んじられている。そして、この中でも特に玄奘三蔵の功績が大きいことから、後に玄奘が三蔵法師の代名詞になったのである。

玄奘三蔵とはどんな人物か？

玄奘は若いころから仏教を学んだが、二〇代半ばにして当時、中国に伝えられていた仏典をすべて読破し、それ以上、中国にいても学ぶものがなくなってしまった。

そこで、仏教発祥の地であるインドに行って、本場の仏教を勉強しようと思い立ったのである。当時の中国は鎖国状態で、国外に出ることは固く禁じられていた。しかし玄奘の決意は固く、法を犯して密かに中国を抜け出した。ときに玄奘、二七歳。以降、一七年間に及ぶ艱難辛苦《かんなんしんく》の旅がはじまった。

中国の国境を出るまで、役人に見つからないように昼間は草むらや岩陰に隠れ、夜道を急いだ。シルクロードでは砂嵐や、山賊、魑魅《ちみ》魍魎《もうりょう》に出遭い、インドに到着したのは数年後のことである。そして、インド各地を巡って玄奘は本場のインド仏教を学び、万巻《まんがん》の経典を入手して中国に帰った。

国法を破って出国した玄奘だったが、帰国後は一七年間にわたる大冒険の功績がたたえられ、皇帝に手厚く迎えられた。そして、皇帝の保護のもと、持ち帰った万巻の経典を次々に翻訳（サンスクリット語などの原語から漢文に翻訳）していったのである。

現在、われわれが目にする経典の多くも玄奘の訳が多い。また、彼は旅の様子を克明に記録した『大唐西《だいとうさい》域記《いき》』（112ページを参照）という書物をあらわしたが、それをもとに書かれた小説が『西遊記』である。

仏教を学ぶべくインドを目指した玄奘三蔵。

日本で唯一の三蔵法師

三蔵法師の称号は歴代の皇帝から授けられたが、日本人の僧侶でただ一人三蔵法師の称号を与えられた人物がいる。興福寺の霊仙《りょうせん》（759～827）という学僧だ。平安時代はじめの804年、最澄《さいちょう》や空海《くうかい》と同じ遣唐使船団で唐にわたった霊仙は長く中国に留まって訳経《やっきょう》事業に携わった。その功績が認められて、ときの憲宗《けんそう》皇帝から三蔵の称号を賜った。霊仙が翻訳した『大乗本生心地観経《だいじょうほんじょうしんじかんぎょう》』という経典は滋賀県の石山寺《いしやまでら》に納められている。

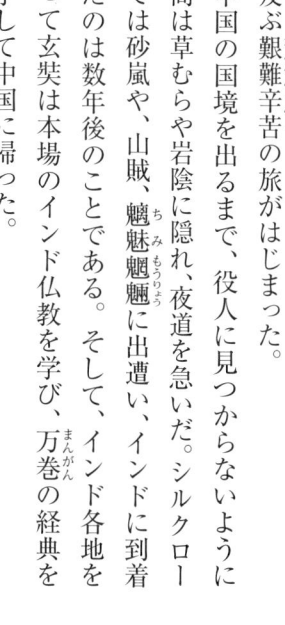

アジアに広がったお経

仏教が伝えられた国々

紀元前五世紀に釈迦が創始した仏教は、釈迦の在世中にインドの各地に広まった。その後、アジアの広い地域に伝えられることになるが、大きく分けてインドを中心に南に伝えられたものと、北に伝えられたものとがある。前者を南伝《なんでん》仏教、後者を北伝《ほくでん》仏教と呼んでいる。

インドの南に伝えられた経典

まず、南伝は、紀元前三世紀ごろにセイロン島（現在のスリランカ）に伝えられた。インドで最初の統一王朝であるマウリヤ王朝を築いたアショーカ王がその息子を使者としてセイロンに伝えたのである。その後、タイやビルマ（現在のミャンマー）、カンボジア、ラオスなどの東南アジア諸国に広まった。

これらの地域にはいわゆる小乗仏教（正しくは上座《じょうざ》部《ぶ》仏教という）が伝えられ、パーリ語のお経が伝えられたのである。これらの国々にはまだお経を文字で表記する以前の形の仏教が伝えられたが、時代が下ると文字に写されるようになった。ただし、パーリ語には文字がないため、各国の文字で表記された。

そして、現在でも釈迦の時代と変わらない仏教が信奉され、パーリ語で読経《どきょう》が行われている。

北部に伝播したお経

次に北伝はインド西北部のガンダーラ（現在はパキスタン領）からシルクロードを通って中央アジア諸国に広まり、紀元一世紀の半ばには中国に伝えられた。これらの地域には大乗仏教が伝播した。

中国では膨大な大乗経典が次々に翻訳され、それらが四世紀には朝鮮半島に、六世紀には朝鮮半島から日本に伝えられた。日本には欽明《きんめい》天皇の七年（五三八）

に金銅《こんどう》（ブロンズで造った像に金メッキを施したもの）の釈迦仏（釈迦如来像）とともに、若干の経典や仏具が伝えられたといわれている。

また、大乗仏教は七世紀には中国からチベットに伝えられた。その後、チベットにはインドからも大乗経典が続々と伝えられ、チベット語に翻訳されて仏典の一大宝庫となった。さらにはチベットと国境を接するモンゴルにも大乗仏教が伝えられ、仏典のモンゴル語訳も作られた。さらに時代が下るとベトナムにも大乗仏教が伝えられた。

インドネシアにも伝えられた大乗仏教

インドネシアのジャワ、スマトラ島などにも大乗仏教が伝えられ、この地方の仏教を南海《なんかい》仏教と呼んでいる。この地方には密教《みっきょう》が伝えられ、八世紀から九世紀にかけて作られたジャワ島のボロブドゥール遺跡は有名である。

現在、南海仏教は遺跡のみが残るが、玄奘の少し後にインドに留学した義浄《ぎじょう》三蔵（六三五～七一三）は帰途にスマトラ島に滞在して、『南海《なんかい》寄《き》帰《き》内法伝《ないほうでん》』という書物をあらわした。この中で義浄は当時のスマトラ島の仏教の様子を克明に記しており、南海仏教の様子を知る上で貴重な資料になっている。

このように、仏教は釈迦が悟りを開いてから一〇〇〇年余りの間に、アジアの東側の極めて広大な地域に広がったのである。

＊仏教伝播の経路

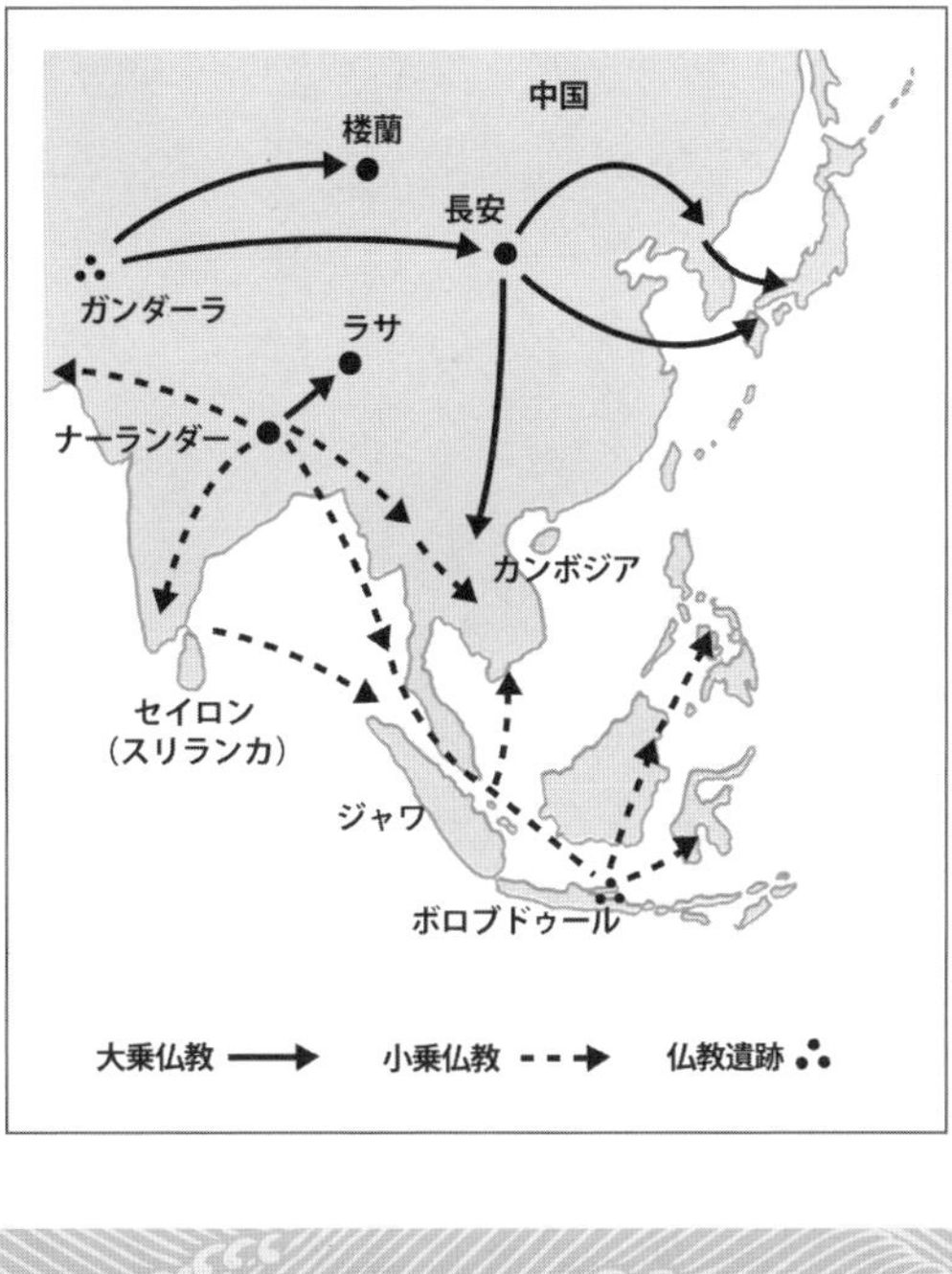

大乗経典と小乗経典とは

大乗経典と小乗経典

お経には小乗経典と大乗経典とがある。前者は釈迦在世当時からの教えなどを集めたもので、総称して「阿含経《あごんきょう》」と呼ばれている。後者は紀元一世紀に大乗仏教が興ってから作られるようになったものである。

小乗の経典には釈迦の肉声に近いものを収録しているといわれる『ダンマパダ（法句経）』や『スッタニパータ』、釈迦の最後の布教の旅の様子を綴った『大般涅槃経』などがある。この他に、初期の経典として重要なのが『ジャータカ』というものだ。

また、小乗仏教の論書としては『倶舎論《くしゃろん》』が重要である。この経典は仏教の教理の集大成で、中国や日本では学僧の必須の経典として重視され、古くは倶舎宗という宗派もあった。

大乗経典は膨大な数に上るが、第3章で述べる『般若心経』『法華経』『維摩経《ゆいまぎょう》』『華厳《けごん》経』「浄土三部《じょうどさんぶ》経」などが特に有名で、大乗仏教の屋台骨を支える経典ということができる。中でも『法華経』は多大な支持を集め、天台宗や日蓮宗の根本経典となった。また、『般若心経』は現在でもお経の代名詞的な存在として写経や読経が行われている。

ストーリー性のある経典

さらに、大乗仏教の経典として重要なのが密教経典である。密教は大乗仏教の最終段階に登場したもので、インドで七世紀ごろに成立した。大日如来《だいにちにょらい》が説いた最高の教えといわれ、この教えにしたがえば、極悪非道の人間さえ救われるという。『大日経』や『金剛頂《こんごうちょう》経』は密教の根本経典として特に重要視されている。

大乗の論書としては『中論《ちゅうろん》』『大智度《だいちど》論』『瑜珈師地《ゆがしじ》論』『大乗起信《だいじょうきしん》論』などを挙げることができる。

このうち、『中論』は八宗の祖といわれる龍樹《りゅうじゅ》（ナーガールジュナ）が「空《くう》」の思想を解き明かしたもので、中国や日本の仏教にも多大な影響を与えた。また、『大智度論』はやはり龍樹の著で、膨大な大乗経典を引用してその奥義を明かしており、大乗仏教を理解する上で不可欠の書である。

『瑜伽師地論』は世の中の存在はすべて心が作り出したものであるという、唯識《ゆいしき》思想を説いた経典。玄奘三蔵が中国に伝えて翻訳し、後に法相宗などの根本経典になった。

小乗経典が人生や生活の指針となる言葉を淡々と語るのに対して、大乗経典はストーリー性が強い。『法華経』などには、まるでSF映画を思わせるようなダイナミックな場面がたびたび登場する。それだけに大乗経典は多くの人々の支持を集めることになった。

小乗仏教は禁止用語

小乗、大乗の「乗」は彼岸（悟りの世界）にわたる乗り物のこと。釈迦が亡くなってから数百年のあいだ、出家の修行者は釈迦と同じ厳しい修行によって彼岸にわたろうとしていた。しかし、それでは極一握りの人しか彼岸にわたれず、万人救済の教えを説いた釈迦の意図に反する。そこで、紀元前後に大乗仏教の運動が興ると、それまでの仏教徒に「小さな乗り物」「劣った乗り物」という蔑称を与えた。そこで、100年以上前に小乗仏教というのは止めようとの取り決めがなされ、正式には上座部仏教というのである。

龍樹（150 ～ 250ごろ）は大乗仏教の思想を大成したことから、八宗の祖（すべての宗派の開祖）としてたたえられている。

日本にはいつお経が伝わったのか

日本にはいつ、どんなお経が伝わったのか

日本に仏教が伝えられたのは第二九代・欽明《きんめい》天皇の七年（五三八）のことである。このとき、朝鮮半島の一国である百済《くだら》の聖明王《せいめいおう》が、金銅《こんどう》（ブロンズの仏像に金メッキを施したもの）の釈迦仏一体と仏具、若干の経典を使者に託して欽明天皇に贈り、日本でも正式に仏教を信奉するようにと勧めてきた。

しかし、これは公伝（公に伝えられること）で、それよりも前から朝鮮半島から渡来人《とらいじん》によって仏教が伝えられていたことが分かっている。平安時代に書かれた『扶《ふ》桑略《そうりゃく》記《き》』という歴史書には、継体《けいたい》天皇の一六年（五二二）に渡来人の司馬達等《しばたつと》という人が大和《やまと》（奈良）に小堂を建て、仏像を安置して礼拝していたと記されている。したがって、仏教公伝以前にも読経のためのお経がもたらされていたと考えられているのである。

蘇我氏と物部氏の対立

仏教が公に伝えられると、蘇我《そが》氏と物部《もののべ》氏という二大豪族のあいだで大変な争いが起こった。

蘇我氏は他国でも信仰されている仏教を積極的に受け入れれば日本も繁栄するに違いないと主張した。これに対し、物部氏は外国の神（仏）を受け入れれば、日本の神々の怒りを買い、疫病や天変地異が起こるとして大反対した。けっきょく、この問題に対しては欽明天皇もハッキリした決定を下すことができず、仏像や経典などは蘇我氏の首領稲目《いなめ》に授けられ、稲目の私邸にまつられることになった。

その後、疫病が流行したため、物部氏はやはり日本の神々の祟《たた》りだといって蘇我氏の私邸を焼き討ちし、仏像を川に遺棄した。そのとき、経典や仏具などは焼失したのである。

そして、その後も朝鮮半島の高句麗《こうくり》や新羅《しらぎ》から仏像や経典などが伝えられたが、その都度、疫病が流行するなどして、両氏の争いが起こり、焼失したり破壊されたりした。したがって、初期に日本にどんなお経がもたらされたかについては、分からない。

しかし、伝来から半世紀を経て、蘇我氏が物部氏に打ち勝った。以降、仏教推進派の蘇我氏の天下となり、仏教興隆の基盤が整い、飛鳥寺や四天王寺をはじめとする大伽藍《だいがらん》が次々に甍《いらか》を並べるようになった。

仏教発展に貢献した聖徳太子

この時代に仏教の発展に大きく貢献したのが聖徳太子である。聖徳太子は仏教を深く理解し、『法華経』や『勝鬘経《しょうまんぎょう》』『維摩経《ゆいまぎょう》』の義疏《ぎしょ》（注釈書）を書いたという。

また、聖徳太子は小野妹子《おののいもこ》を隋《ずい》に派遣している。以降、大陸（中国）から直接、お経がもたらされるようになった。したがって、仏教伝来から半世紀を過ぎたころには、『法華経』をはじめとする大乗経典のかなりの部分が伝えられていたと考えられるのである。

7歳で仏典を読破した聖徳太子

聖徳太子像の中に「七歳看経像《しちさいかんぎょうぞう》」というのがある。太子が7歳（満6歳）のとき、朝鮮半島から多くのお経が贈られてきた。そこで太子は、ときの天皇にそれを読ませてもらいたいと願い出た。天皇はいくら聡明利発な太子でもそんな子どもに読めるはずがないと、申し出を退けた。しかし、太子が再三にわたって願い出たので、ついに天皇は閲覧を許した。すると、太子は数日のあいだで読破し、その意味を理解したという。そのとき、経典を読む太子をモデルにしたのが七歳看経像だ。

聖徳太子が7歳のころの姿を模したといわれる像。

お経の発音の仕方

漢字には漢音・呉音・宋音がある

日本では漢字を音読する場合、中国の各時代の発音を用いている。漢音《かんおん》、呉音《ご》、宋音《そう》などの別があり、同じ漢字でもそれぞれ発音が異なるのだ。

「行」という字を音読する場合、漢音では「コウ」、呉音では「ギョウ」、宋音では「アン」と発音するのである。

たとえば、「旅行（りょこう）」や「行楽（こうらく）」は漢音、「修行（しゅぎょう）」「行者（ぎょうじゃ）」などは呉音、「行灯（あんどん）」「行脚（あんぎゃ）」などといった読みは宋音である。

漢音は中国の唐代（七世紀から一〇世紀）に都の長《ちょう》安《あん》を中心に使われていた標準的な発音で、奈良時代から平安時代にかけて唐にわたった遣唐使たちによってもたらされたものである。

呉音は九世紀から一〇世紀に長江《ちょうこう》の下流域で栄えた呉という国で用いられていた発音で、日本には仏教伝来以前に朝鮮半島から伝えられ、仏教が伝来した六世紀の前半には呉音がかなり定着していたと考えられている。

一説に欽明天皇の時代（六世紀前半）に百済の法明《ほうみょう》という尼僧が対馬《つしま》にやって来て、『維摩経』を呉音で読んだと伝えられている。これが史実かどうかは分からないが、お経が伝来したときにはすでに呉音で読まれていたことを示唆する逸話と見ることができるだろう。

また、宋音は鎌倉時代のはじめに宋にわたった僧侶たちがもたらしたものである。宋は中国南部にあった国で、漢や呉とはかなり異なる発音をしていた。

このため、宋音を用いる禅宗の言葉には、かなり奇異な発音のものが多い。たとえば、「塔頭（たっちゅう）」「法堂（はっとう）」などは宋音の代表。

宗派によっても発音が異なる

ただし、お経の読み方は宗派によっても異なる場合がある。一般に呉音で読まれる経典も、真言宗《しんごんしゅう》などでは漢音でお経を読む。たとえばお経の冒頭の定形句になっている「如是我聞《にょぜがもん》」という言葉も一般には「ニョゼ・ガモン」と読むが、真言宗では「ジョシ・ガブン」と発音するのである。

一般に法要などでお坊さんがお経をあげるときには声を出して読むが、これを読経《どきょう》といっている。

また、文字を見ながら音読するのを「読」、文字を見ないで音読することを「誦《じゅ》」といい、総称して読経のことを「読誦《どくじゅ》」ともいう。『法華経』には、「この経典を読誦すれば無上の功徳《くどく》が得られる」と説かれている。

古くは声を出して読むことを「諷経《ふぎん》」といい、声を出さないで黙読することを「看経《かんぎん》」といって区別していた。しかし、時代が下ると声を出して読むのが一般的になり、諷経や看経という区別もなくなって、お経を読むといえば、もっぱら読経といわれるようになった。

お経を拾い読みする「大般若会」

ふつうお経は一字一句すべて読む。これを「真読《しんどく》」というのに対し、一部分だけを読むのを「転読《てんどく》」と呼び、毎年、正月に『大般若経』を読む「大般若会《だいはんにゃえ》」という法要でよく知られている。大勢の僧侶が経本をアコーデオンのように開きながら読経するのだ。『大般若経』は600巻もあるので、いくら大勢のお坊さんが集まっても、これを真読したのでは時間が掛かり過ぎる。そこで、各巻の表題、はじめと中間、終わりの2、3行を拾い読みする。そして、拾い読みでも全巻を真読したのと同じ功徳があるといわれている。

なぜ宗派によって読むお経が違うのか

拠り所となるお経は宗派によって異なる

仏教はもともと仏陀（釈迦）の教えからはじまり、当初は一つの仏教教団でまとまっていた。しかし、紀元前後に大乗仏教が興ると、さまざまな救済の方法が考えられ、多種多様な経典が作られるようになった。

そして、自分たちはこのお経に説かれているような方法で人々を救いたい、救われたいという人たちが派閥を作るようになった。これが宗派のはじまりで、各宗派は個々の経典の教えに基づいていたので、各宗派には拠《よ》り所とするお経がある。宗派によって読むお経が異なるのはそういった事情によるものだ。

日本にはいくつの宗派があるのか

日本の仏教宗派は一口に「十三宗五十六派」といわれている。奈良時代から続いている宗派に華厳宗《けごんしゅう》・法《ほっ》相《そう》宗・律《りっ》宗、平安時代に開かれた宗派としては天台《てんだい》宗・真言《しんごん》宗・融通念仏《ゆうずうねんぶつ》宗、鎌倉時代に開かれた宗派に浄土宗・浄《じょう》土《ど》真《しん》宗・日蓮《にちれん》宗・時《じ》宗・臨済《りんざい》宗・曹洞《そうとう》宗があり、江戸時代には黄檗《おうばく》宗が開かれた。これらを合して一三

1万以上の仏の名を満載したお経

『仏名経《ぶつみょうきょう》』という中国で作られたお経には、過去、現在、未来の三世に及ぶ1万以上の仏の名が記されている。そして、「南《な》無釈迦牟尼仏《むしゃかむにぶつ》、南無阿弥陀仏……」などといって『仏名経』を唱える法要が奈良時代に日本に伝えられ、宮中の清涼殿や諸国の寺院で行われていた。多くの仏の名を唱えることによって、罪・穢《けが》れを懺悔《ざんげ》し、消してもらおうとの趣旨だ。今も年末には宗派を超えて仏名会《ぶつみょうえ》が行われている。家の大掃除に対して、心の大掃除が仏名会だ。

宗、さらにそれぞれの宗派が多くの流派に枝分かれして、五十六派と呼ばれている。これらの宗派はそれぞれ処依《しょえ》（拠り所）の経典を異にしているが、以下に各宗派の処依の経典を挙げておく。

ただし、これはあくまでも各宗派が主とする経典で、共通して読まれる経典もたくさんあり、『般若心経』などは浄土真宗を除くすべての宗派で読まれる。

各宗派の拠り所とするお経

まず、奈良の興福寺や薬師寺が所属する法相宗は『解深密経《げじんみっきょう》』を根本経典とする。この経典は法相宗の根本教義である唯識思想（世の中の存在はすべて心が作り出したとする考え方）について述べたものである。

次に、華厳宗の根本経典は『華厳経』である。この経典は毘盧舎那仏《びるしゃなぶつ》の華厳蔵世界を描いたもので、東大寺の大仏（毘盧舎那仏）はこの経典に基づいて作られた。

また、唐招提寺《とうしょうだいじ》を大本山とする律宗は戒律の実践によって悟りを求めようとする。このことから戒律を説いた『梵網経《ぼんもうきょう》』などを根本経典とするのである。

平安時代に最澄が開いた天台宗は『法華経』を根本経典とし、これを中心に戒律、禅、密教などを融合した総合的な仏教である。

最澄の同時代人である空海が開いた真言宗は密教によって確立された宗派である。そこで密教の根本経典である『大日経』と『金剛頂経』を処依の経典とする。

また、平安時代には良忍《りょうにん》という僧侶が浄土信仰によって融通念仏宗を開いた。「浄土三部経《じょうどさんぶきょう》」を処依の経典とし、「一人一切人《いちにんいっさいにん》、一切人一人、一行一切行《いちぎょういっさいぎょう》、一切行一行」という夢告を受け、一人の念仏がすべての人に行きわたるとする。「南無阿弥陀仏」を一〇回唱えることを日課とする。

鎌倉新仏教の処依の経典

鎌倉時代のはじめに法然《ほうねん》が阿弥陀如来の極楽に往生することを目的として浄土宗を開いた。「浄土三部経」が処依の経典だ。

また、法然の弟子の親鸞《しんらん》が、やはり浄土信仰によってその基礎を確立したのが浄土真宗である。浄土宗と同じく「浄土三部経」を処依の経典とする。浄土宗と同じく他力念仏《たりきねんぶつ》を説くが、絶対他力を説くのが特徴。真宗本願寺派《しんしゅうほんがんじは》と真宗大谷派《おおたに》に勢力が二分され、前者は西本願寺、後者は東本願寺を大本山とする。

法然と親鸞

同じく鎌倉時代に基礎を作った宗派に、一遍《いっぺん》の時宗がある。一遍は平生《へいぜい》（日常）を臨終《りんじゅう》と考えて念仏することを説き、終生、全国を行脚《あんぎゃ》して熱狂的な信者を集めた。根本経典は「浄土三部経」である。大本山は神奈川県藤沢市の清浄光寺《しょうじょうこうじ》（通称、遊行寺《ゆぎょうじ》）。

次に鎌倉時代のはじめには、中国から禅宗が伝来した。禅宗とは臨済宗《りんざいしゅう》、曹洞宗《そうとう》、黄檗宗《おうばく》が三派だが、このうち、黄檗宗だけは江戸時代に伝えられた。「不立文字《ふりゅうもんじ》（文字に頼らない）」「教外別伝《きょうげべつでん》（経典に説かれていること以外に仏教の真髄がある）」を標榜する禅宗では、

一遍

特に処依の経典を持たない。ただし、「語録」や「公案《こうあん》」という、中国や日本の名禅僧の言行録は大切にされる。

臨済宗は鎌倉時代のはじめに入宋した栄西《えいさい》が伝えた。坐禅とともに公案（禅問答）を重んじ、悟りを目指す。天龍寺《てんりゅうじ》派、相国寺《しょうこくじ》派、建仁寺《けんにんじ》派、南禅寺《なんぜんじ》派、妙心寺《みょうしんじ》派など多くの流派がある。

栄西の弟子の道元が伝えたのが曹洞宗だ。ひたすらに坐禅をする「只管打坐《しかんたざ》」によって悟りを目指す。道元は日常のあらゆる行為を修行ととらえ、それを完璧に遂行することを重視した。道元の没後、瑩山紹瑾《けいざんじょうきん》が勢力を二分し、後に永平寺《えいへいじ》、總持寺《そうじじ》をともに大本山とし、現在は両寺の貫首《かんしゅ》が二年ごとに管長を務める。

黄檗宗は江戸時代に隠元隆琦《いんげんりゅうき》が伝えた。臨済宗とほぼ同じ教義だが、念仏禅といって禅と浄土信仰を融合したところに特徴がある。大本山は京都の宇治万福《まんぷく》寺《じ》。この寺は純中国風の寺院で、隠元から第二一代までの住持を中国人僧侶が務めた。

鎌倉時代に興ったもう一方の主役が日蓮宗だ。いうまでもなく、日蓮上人が『法華経』を絶対の教え（妙法《みょうほう》）とし、永遠の存在である久遠《くおん》の釈迦を本仏とする。この妙法に基づいて積極的な実践を行い、これに基づいた仏国土を建設することを理想とする。後に教義解釈の違いから多派に分かれ、その実践的な性格は多くの新興宗教を生んだ。根本経典はもちろん『法華経』。身《み》延山《のぶさん》久遠寺を総本山とする。

以上が各宗派が拠り所とする経典である。

公案

もともと公案とは難関で知られた科挙《かきょ》（中国古代の官吏登用試験）の試験問題のことだった。禅宗では優れた高僧の言行《げんぎょう》を記して、参禅するものが悟りの境地に至るためのヒント、あるいは、手掛かりにした。その言行は政府が作る科挙の試験問題と同様、厳格で不可侵のものだったことから、公案と呼ぶようになったのである。「日々是好日《ひびこれこうじつ》」などという有名な公案をはじめ、1700の言行が伝えられており、経典と同じく重要なものである。現在も禅宗寺院で活用されている。なお、禅の公案には一定の答えはない。

日本の仏教の主な宗派

	宗派		宗祖	根本経典	大本山など
奈良時代	華厳宗			『華厳経』	東大寺
	法相宗			『解深密経』	興福寺・薬師寺
	律宗			『梵網経』	唐招提寺
平安時代	天台宗		最澄	『法華経』	比叡山延暦寺
	真言宗		空海	『大日経』 『金剛頂経』	高野山真言宗 金剛峯寺など 流派によって異なる
	融通念仏宗		良忍	「浄土三部経」	大念仏寺
鎌倉時代	浄土系	浄土宗	法然	「浄土三部経」	鎮西派　知恩院など 流派によって異なる
		浄土真宗	親鸞	「浄土三部経」	真宗本願寺派　西本願寺 真宗大谷派　東本願寺
		時宗	一遍	「浄土三部経」	清浄光寺（遊行寺）
	日蓮系	日蓮宗	日蓮	『法華経』	身延山久遠寺
	禅系	臨済宗	栄西	禅系は特に 根本経典を 持たない 「語録」や 「公案」を 重んじる	妙心寺派など 流派によって異なる
		曹洞宗	道元		永平寺・總持寺
江戸時代		黄檗宗	隠元		宇治万福寺

第2章

釈迦の言動を色濃く残す初期のお経

仏教の聖典

『法句経（ダンマパダ）』

経文

ものごとは心にもとづき、心を主とし、心によってつくり出される。もしも汚れた心で話したり行ったりするならば、苦しみはその人につき従う。――車をひく（牛の）足跡に車輪がついて行くように。―中略―もしも清らかな心で話したり行ったりするならば、福楽はその人につき従う。――影がそのからだから離れないように。

教えのポイント

仏教では何よりも心を清浄に保つことを重んじる。『法句経』の冒頭がこのような書き出しではじまることは、仏教の在り方を示すものとして興味深い。心とは、いわゆる理性のことで、仏教は理性を磨き、邪見を抱かないようにするための修行を勧める。

人間の本性を見極めた経典

ダンマとは「法」、つまり釈迦の教えのこと。パダは「言葉」。ダンマパダとは「釈迦の教えを留めた言葉」という意味である。

古くから釈迦の教えは「八万四《はちまんし》千《せん》の法門」といわれている。つまり、八万四〇〇〇種類の教えを説いたというのだ。もちろんこれは実数ではないが、それだけ数々の教えを説いたということだ。

そして、その膨大な経典の中に釈迦の肉声、つまり、釈迦が実際に説いたものがどれほど含まれているか、詳細は分からない。しかし、近年の研究では、少なくともこの『法句経《ほっくきょう》』をはじめとする初期の経典の中には釈迦の肉声に近いものが含まれていると考えられている。とりわけ『法句経』では、釈迦が人間の本性をよく見極めた上での人生の戒めが語られているのだ。『法句経』には四二三項目にわたって短い言葉で教えが説かれている。

初期の経典の中には釈迦の肉声が含まれている。

心を清らかに

ふつう、凡夫《ぼんぷ》（凡人）はまだまだ生き永らえることを前提に行動している。しかし、われわれはだれもが今、ここで死んでも不思議ではない状況に置かれている。この真理をシッカリと認識すれば、小さなことで人と争ったり、人を怨《うら》んだりしている暇はない。この真理を認識すれば心は静まり、争う気持ちもなく、平静に日々を過ごすことができる。

そのことを『法句経』では次のように説いている。

「『われらは、ここにあって死ぬはずのものである』と覚悟をしよう。――このことわりを他の人々は知らない。しかし、このことわりを知る人々があれば、争いはしずまる」

お経の特徴

真理・教訓に満ちた経典

後世に作られた大乗経典はストーリー性が強く、しかも、そのストーリーは時空を超えたSF小説といった感がある。いっぽう、『法句経』をはじめとする初期のお経は倫理的な色彩が強く、われわれがふだんは忘れて過ごしている大切な真理を思い起こさせる内容になっている。とりわけ、『法句経』は教訓的な内容のものが多い。

経文

まことではないものを、まことであると見なし、まことであるものを、まことではないと見なす人々は、あやまった思いにとらわれて、ついに真実に達しない。――まことであるものを、まことであると知り、まことではないものを、まことではないと見なす人は、正しい思いにしたがって、ついに真実に達する。

教えのポイント

われわれはなかなか物事を正しく、ありのままの姿で見ることができない。丸いものを四角に見、白いものを黒いと錯覚していることが多い。そういった誤った見方が思わぬ不幸を招くのだ。

物事を正しく見る

物事を正しく見るというのが仏教の根本的なスタンスなのだ。このことは後に整備された四諦《したい》、八《はっ》正道《しょうどう》の教えの原点である。

「諦」とは真理のことで、四諦とは苦《く》、集《じゅう》、滅《めつ》、道《どう》の四つの真理である。つまり、この世の中は苦しみであるという真理、その苦しみには原因があるという真理、苦しみは滅することができるという真理、そして、滅するための道(方法)があるという真理である。

四諦の道が「八正道」で、八つの実践項目からなる。正見《しょうけん》・正思《しょうし》惟《ゆい》・正語《しょうご》・正業《しょうごう》・正命《しょうみょう》・正精進《しょうしょうじん》・正《しょう》念《ねん》・正定《しょうじょう》の八項目。

「正見」は四諦の原理を正しく見ること。「正思惟」は四諦の道理を正しく思惟すること。「正語」は真実の言葉を語ること。「正業」は清浄な生活をすること。「正命」は身口意《しんくい》の三業《さんごう》を清浄にし、正法《しょうぼう》（仏教の教え）にしたがって生活すること。「正精進」は涅槃《ねはん》に向かって努力を続けること。「正念」は邪念を離れ、正しい道を想起すること。「正定」は精神を集中して安定させ、迷いのない清浄な境地に入ることである。

八正道が正しく見るということからはじまっていることは注目に値する。インドでは「見る」とは物事の真の姿をありのままに観察することである。そして、サンスクリット語で「見る」はダルシャナといい、ダルシャナという単語には哲学の意味がある。哲学は真理を探究してそれを見極める。そして、その第一歩は見ることからはじまる。

祇園精舎とは

精舎《しょうじゃ》とは仏弟子や仏教の信者に釈迦が説法をした場所（集会所）のことで、寺院の起源と考えられている。

『平家物語』でもお馴染《なじ》みの祇園《ぎおん》精舎はスダッタ（須達）という長者が釈迦とその教団のために建てたと伝えられている。孤独な人々に衣食などを施していた祇樹給孤独太子《ぎじゅぎっこどくたいし》という慈善家が所有していた園林に建てられたことからこの名がある。

京都にも祇園という地名がある。かつて八坂《やさか》神社に祇園精舎の守護神だった牛頭天王《ごずてんのう》をまつっていたことから、その周辺を祇園と呼ぶようになった。

仏陀最古の教え
『スッタニパータ』

経文

比丘《びく》（出家の修行僧）は、あたかも蛇が古い皮を捨てるように（脱皮するように）、彼此《かし》の岸をともに捨てる。

「蛇の章」

教えのポイント

出家の僧侶は彼岸《ひがん》（悟りの世界）と此岸《しがん》（われわれが住む娑婆《しゃば》世界）などという世俗的な区別を捨てて、修行に邁進すべきである。

修行者のあるべき姿

パーリ語で説かれた経典で、一部の漢訳のみが存在する。スッタは「経」、ニパータは○○集などというときの「集」という意味で、わが国では古くから『経集《きょうしゅう》』と呼ばれてきた。全体は「蛇の章」「小なる章」「大いなる章」「八つの詩句の章」「彼岸に至る道の章」の五章からなるが、それぞれの章は一度に出来上がったものではなく、二、三○○年の歳月を経て別々に作られたものと考えられている。

このうち、古いのは「八つの詩句の章」と「彼岸に至る道の章」で、ここには『法句経』同様、釈迦の肉声に近いものが含まれていると考えられる。「蛇の章」では、上記の経文が繰り返し使われている。

また、「犀《さい》の角《つの》のようにただ独り歩め」という有名な文句で終わる詩句が並んでいるのも特徴の一つだ。これも修行者の心得を説いたもので、仲間と一緒にいるとどうしても遊び心が疼《うず》く。特に、異性に対しては恋慕の情が抑え難い。だから、ひとたび修行に専念することを決意した者は孤独に打ち勝って独りで歩め、という戒めである。「蛇の章」は全体として、出家修行者の心得、あるべき姿を説いている。

「小なる章」の「なまぐさ」という項には、いわゆるなまぐさとは何かが説かれている。この世で欲望を抑えることなく、美食をし、不浄な生活をし、人をだまし、不正を行うような迷える心を持った人をなまぐさというのだ、肉食をする人をなまぐさというのではないと説くのである。

平等思想を説いた初期の教えとして注目

「大いなる章」には仏陀《ぶっだ》(釈迦)の伝記に関する最古の記述が含まれているという。

この章のはじめには釈迦がビンビサーラという大王を相手にして、自らがシャカ族の出身で、若いころに出家したことなどを述べている。

また、この章にはインドの四つのカーストについて、それらがもともと平等であることが説かれている。これは仏教の平等思想を説いた初期のものとして注目される。

「八つの詩句の章」は、八つの詩からなる経が多いことからこの名で呼ばれている。この章だけに『義足経《ぎそくきょう》』と呼ばれる漢訳がある。

「彼岸に至る道の章」は一六人の若い修行僧が、どうしたら悟り(彼岸)に至ることができるかを釈迦に質問するという構成になっている。釈迦が一人一人の質問に答え、彼岸への道が示される。

お経の特徴

出家の修行僧の心得

『法句経』が万人に向けた入門書の性格を持っているのに対し、『スッタニパータ』は出家の修行僧の心得を示しており、中にはかなり高度な内容も含まれている。

また、ビンビサーラという大王に自らの出自を語ったり、釈迦に最後の食事をもてなしたチュンダという貧しい鍛冶屋《かじや》の青年について語っていたり、釈迦の自伝と思われる内容も含まれている。

初期の経典を集めたもの

「阿含経」

仏弟子の記憶に留められた教え

「阿含《あごん》」とはサンスクリット語やパーリ語の「アーガマ」の音写で、「伝承された教え」という意味である。仏教では特に釈迦が説いた教えを指す。

釈迦が亡くなった後すぐに五〇〇人の仏弟子たちが集って、釈迦の教えを確認する最初の結集《けつじゅう》（第一結集）が開かれた（50ページを参照）。このとき、仏弟子たちの記憶に留められていた釈迦の教えが「阿含」の中身であるという。ただし、これはあくまでも古くからの伝承で、実際にはその後も増幅、改定されている。

「阿含」を「阿含経」というのは、中国以来の慣例である。したがって、『阿含経』単独の経典名を示すのではなく、正確には「阿含経典群」というべきものである。だから、この阿含経典群の中には本書でも紹介する『法句経』や『大般涅槃経《だいはつねはんぎょう》』などの経典も含まれている。

後世まで完全な形で阿含を伝えているのはセイロン（現在のスリランカ）やタイ、ビルマ（現在のミャンマー）などの南方上座部《じょうざぶ》（いわゆる小乗仏教）だけである。

しかし、中国や日本ではほとん

お経の特徴

釈迦が実際に説いた教え

釈迦の在世時代から仏滅後、数百年の間（紀元前後）に大乗仏教が興るまでの仏教を、原始仏教と呼んでいる。この原始仏教の時代に伝承された経典が「阿含経」である。『法句経』や『大般涅槃経』など、釈迦が実際に説いたと思われる教えが含まれているのが特徴。

今もタイやミャンマー、スリランカなどの国々では、阿含の経典をパーリ語で読経し、釈迦の時代と変わらぬ戒律を守って修行生活をしている。

ど顧みられることがなかった。大乗仏教が伝えられた中国や日本では阿含に納められた経典は、いわゆる小乗仏教の次元の低い教えとされてきたからだ。

ヨーロッパ人が価値を評価

このような経典の価値を最初に認めたのは、アジアに植民地を求めて進出してきたヨーロッパ人たちだった。

一八八一年にイギリスのリス・デイヴィッヅはロンドンにパーリ聖典協会を設立してパーリ語聖典の組織的翻訳を行った。これによって、パーリ語の聖典が一気に世の中に広まることになったのだ。

日本では明治になってから、ヨーロッパに学んだ学者たちがパーリ語聖典の翻訳研究を行い、それまで等閑されてきた初期の仏典の全貌が明らかになってきた。

そして、一九三五年から四一年にかけて「阿含経」の日本語訳である『南伝大蔵経《なんでんだいぞうきょう》』が刊行され、上座部仏教の研究も盛んになったのである。

『法句経』や『大般涅槃経』なども明治以降にわが国に紹介され、翻訳が行われたのである。

悟りを得るための修行は、大きな船（大乗）と小さな舟（小乗）にたとえられる。

なぜヨーロッパで経典が研究されたのか？

18世紀の産業革命を経たヨーロッパでは、自然科学が急速に進歩した。それに伴って人文科学も発展し、キリスト教の信仰に基づいた神学などが見直され、聖書などの実証的な研究が始まった。そんな状況の中でアジアに進出したイギリス人などが、インドの思想や遺跡の発掘などに興味を持ち、その学術的研究の端緒を開き、仏典の研究などが盛んになったのだ。

ちなみに、釈迦の遺骨（仏舎利《ぶっしゃり》）を最初に発見したのもペッペというイギリス人だ。

釈迦の前生の物語

『ジャータカ』

代表的な物語

釈迦の前生で、ある国の王子だったときのこと（釈迦は今から二五〇〇年前、インドのカピラヴァストゥという王城に王子として生まれたが、ここで語られているのはその時の王子時代ではなく、もっとはるか以前の前生での話だ）。あるとき王子が山中を歩いていると、谷底に飢えた虎の親子がいるのを見つけた。

母虎は飢えの余りに乳も出ず、やむを得ず子どもを食べようとしていた。そこで、王子は親子を救うために自らが犠牲になることを決意し、谷の上から飛び降りて虎の前に身を投げ出した。母虎は瞬く間に王子を食い尽し、体力を回復して二匹の子にも乳を与えることができた。

「捨身飼虎《しゃしんしこ》」

釈迦の修行と善行を伝える物語

釈迦は三五歳のときに菩提樹《ぼだいじゅ》の下で悟りを開いて仏陀となった。釈迦が亡くなってしばらくすると、偉大な悟りに到達するまでには、とてつもなく長いあいだ、死んでは生まれ変わる輪廻転生《りんねてんしょう》を繰り返し、各々の人生（前生《ぜんしょう》）で厳しい修行をして善行を積んだと考えられるようになった。

『ジャータカ』はこのような釈迦の前生における物語を綴《つづ》ったものである。現在、五〇〇を超える物語が伝えられているが、中には

『今昔物語集《こんじゃくものがたりしゅう》』や『イソップ物語』などに翻案されて納められ、われわれにも馴染みの深いものもある。

一つ一つの話は、当時インドで民間に語り継がれていた伝説や寓《ぐう》話《わ》を利用し、釈迦の前生物語として体裁を整えたものである。そして、それぞれの物語には、釈迦がどのような機会にその話をしたか、『ジャータカ』の中心になる前生の物語、そして、その物語の主人公である「前生の○○は現世の○○である」という落ちがつく。

一般に『ジャータカ』といった場合、パーリ語で伝えられたものを指す。これはセイロン（現在のスリランカ）や東南アジア諸国に伝わったいわゆる南伝というもので、二二篇五四七話を収録する『ジャータカ』の集大成というべきものである。英語やドイツ語の全訳がある他、日本語訳では『南伝《なんでん》大蔵経《だいぞうきょう》』（第二八巻〜三九巻）に納められている。

釈迦が服を脱ぎ、崖から飛び降りて、虎に食べられるところを1枚の絵で示した「捨身飼虎図」。

代表的な物語

釈迦が前生で求道心に富んだ少年、雪山童子《せっせんどうじ》だったときのこと。教えを求めて山中で修行をしていると、不思議な声が聞こえてきて「諸行無常《しょぎょうむじょう》、是生滅法《ぜしょうめっぽう》」という極めて重要な経文を語る。これを聞いた少年は喜び勇んで声の方に近づいていく。すると、声の主は世にも恐ろしい姿をした羅刹《らせつ》（鬼）だった。教えに出会った喜びで一杯の少年は、恐怖も他所に羅刹にさらにその先を教えてくれるようにと懇願する。

羅刹はそれほどまでに望むのなら教えないでもないが、自分はいま空腹に耐えかねている。ついては、経文の残りを余さず教えるから、教えた暁にはお前を食べさせてくれという。このような、羅刹の無体な申し出に、少年は二つ返事で承諾する。そして、無事に羅刹から「生滅滅已《しょうめつめつい》、寂滅為楽《じゃくめついらく》」という経文の残りを聞き出すことができた。

そこで、童子は約束通り崖の上から身を投げた。その瞬間、羅刹は帝釈天《たいしゃくてん》の姿に戻り、落下する雪山童子を受け止めて救った。そして、羅刹は将来、童子が悟りを開いたときに人々を救ってくれるようにと懇願したという。

「施身聞偈《せしんもんげ》」

法隆寺の厨子にも描かれている釈迦の前生

42ページでも触れたように『ジャータカ』は、釈迦が偉大な悟りを開いたのは前生で想像を絶する厳しい修行をし、犠牲的精神に基づいていかに善行《ぜんぎょう》を積んだためであるかということを示している。

そして、これらの物語は釈迦の遺骨をまつった仏塔《ぶっとう》（ストゥーパ）の壁面などにレリーフとして刻まれ、釈迦の遺徳を偲ぶ人々が熱心に見入った。

また、日本にも『ジャータカ』を素材にして描かれた絵が残っている。有名な法隆寺《ほうりゅうじ》の玉虫厨子《たまむしのずし》の側面には、前出の「捨身飼虎」の物語が描かれているのだ。

そして、玉虫厨子のもう一方の側面には「施身聞偈」の物語が表現されている。

お経の特徴

他人を先に助けることを説く

『ジャータカ』の内容は釈迦が前生で菩薩の修行をしていたときに、いかにして衆生（人間をはじめとするあらゆる生き物）を救ったか、どれほどの善行をしたかという話である。そして、善行の中心はいかに自己を犠牲にして、他者を助けるかという内容である。このような自己犠牲は後に大乗仏教の菩薩の至上命令となり、自分のことはさておき、まずは他人を助けるということが菩薩の理想とされるようになった。

『ジャータカ』では釈迦の前生の王子や童子《どうじ》（子ども）などが他者のために凄まじい自己犠牲を払っている。この自己犠牲の精神が大乗仏教では理想とされた。

大乗には「上求菩提《じょうぐぼだい》、下化衆生《げけしゅじょう》」というスローガンがある。上には（理想としては）菩提を求め（やがて自分が悟りを開くことを求め）るが、下には（現実には）衆生（あらゆる生き物）を教化する（救う）ことを求める。まずは、他者を救うことが重要なのだ。

釈迦の全行動の目撃者としての帝釈天

梵天《ぼんてん》と並んで帝釈天《たいしゃくてん》は常に釈迦の側近くにいて、警護する役割を果たしている。梵天が釈迦のお目付役的な存在なのに対して、帝釈天は釈迦の全行動の目撃者という役柄だ。だから、釈迦の伝記を表したガンダーラなどのレリーフなどには、誕生、出家、成道《じょうどう》（悟りを開くこと）、最初の説法、涅槃《ねはん》（亡くなること）など、あらゆる場面の傍らで帝釈天が必ず釈迦の行動を見守っている。そして、前生の行動もシッカリと見守っているのだ。

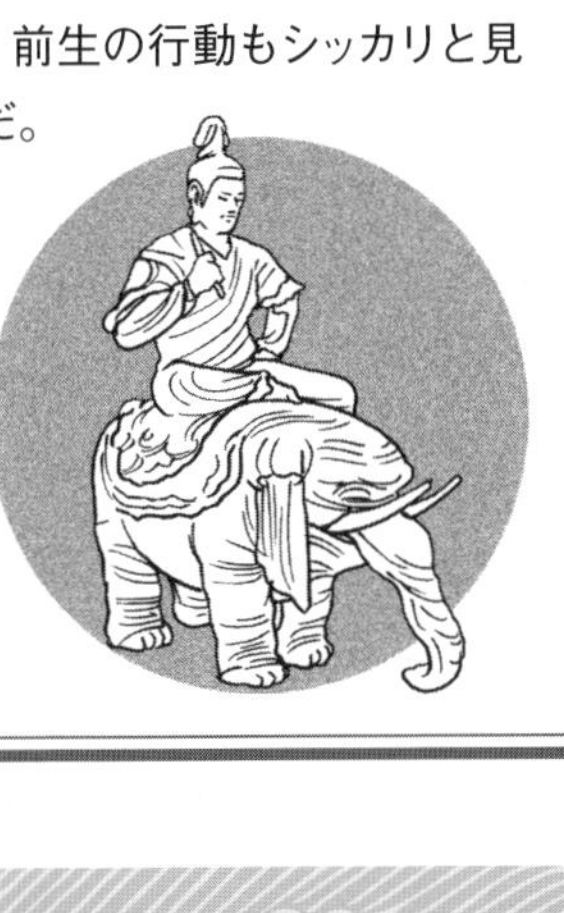

帝釈天は釈迦を見守っているといわれている。

釈迦の最後の旅

『大般涅槃経』

経文

自らを島（よりどころ）とし、自らをたよりとして、他人をたよりとせず、法（釈迦の教え）を島とし、法をよりどころとして、他のものをよりどころとするな。

意訳

自分自身と釈迦の教えだけをたよりに生きていきなさい。そうすれば、必ず悟りの境地に至ることができる。

釈迦の入滅までの記録

「涅槃《ねはん》」とは釈迦の死のこと。

この経典は釈迦の最晩年の行状を記録したものとして知られている。釈迦は最晩年、各地を巡って説法をし、布教する遊行の旅に出た。この経典には旅の様子と釈迦の入滅《にゅうめつ》（死ぬこと）、入滅後の遺骨（仏舎利）の分配などについて、ドラマチックに描かれている。

釈迦が三五歳で悟りを開いてから八〇歳で入滅するまでの四五年間の足跡はベールに包まれている。この経典は、入滅までの最後の数ヶ月の行状を知る貴重な資料としても高く評価されている。

雨安居

最後の旅に出た釈迦はガンジス川をわたってヴェーサーリーというところに赴き、その地でアンバパーリという遊女のマンゴー園で一時を過ごす。その後、近くのベールヴァ村で雨安居《うあんご》に入った。

雨季の間（六月から九月）は道がぬかるんだりして、布教の旅には適さない。おまけに、雨に誘われて路上に出てきた虫などを踏み潰して、知らず知らずのうちに殺生を犯す可能性がある。だから、雨季の間の三ヶ月ほどは僧院に留まって、修行に励む習わしとなっていた。この雨季の修行期間を雨安居というのである。

雨安居に入って早々、釈迦は病を得て多いに苦しんだ。しかし、釈迦はその苦しみを精神力で乗りきったと伝えられている。このとき、釈迦がアーナンダに語った言葉を46ページに掲げた。

この言葉は「自灯明《じとうみょう》、法灯明《ほうとうみょう》」と漢訳され、仏教の重要な教えとして日本でも古くから親しまれている。

お経の特徴

釈迦が亡くなる前後の状況を述べた経典

アーナンダとのやり取りや鍛冶屋のチュンダの饗応《きょうおう》をはじめ、さまざまなエピソードが述べられているが、これらの中には史実に近いものも含まれていると見られており、資料的価値が極めて高い。

また、「自灯明、法灯明」「諸行無常《しょぎょうむじょう》」など仏教の根幹を成す重要な思想が数多く説かれており、釈迦の肉声に近いものが含まれていると考えられている。

涅槃に入る決意をする

また、このときに釈迦は自らの生涯を閉じる決意をした。そして、今から三ヶ月後に入滅を迎えるとの密約を悪魔と交わしたという。

実は如来《にょらい》（仏陀）は永遠の寿命を保つことができるのだが、四五年間の布教によってすべての教えを説いた釈迦は、自分がいなくても法（教え）があれば、それぞれ自分自身を拠り所として立派に正しい道を進むことができると考えたのだ。

釈迦から、間もなく涅槃に入るということを告げられたアーナンダは大きなショックを受け、思い留まってくれるようにと、涙ながらに懇願する。しかし、如来がひとたび口にした言葉は決して撤回することができない。アーナンダは三度まで、何とか寿命を延ばしてくれるようにと懇願するが、釈迦は最後に如来をこれ以上、悩ませるなと言ってキッパリと退ける。

そして、釈迦はアーナンダをはじめ、ヴェーサーリーの近くにいた弟子たちを呼んで、万事は過ぎ去るもの（諸行無常）であるから、怠ることなく修行に励めと説いた。これは釈迦の弟子たちに対する遺言だった。そして、先の「自灯明、法灯明」という言葉も、釈迦が入滅した後も自分自身と法を拠り所にしていれば、釈迦が生きているときと同じように悟りへの道を歩むことができるという弟子たちへの最後の戒めだったのである。

最後の晩餐と涅槃

ヴェーサーリーの町を後にした釈迦は、さらに各地の町や村を訪れて説法をした。そして、パーヴァーという町に至り、ここで鍛冶屋のチュンダという青年の招きを受けた。そこで出された食事を食べるや、釈迦は激しい腹痛と下痢に襲われて苦しんだ。しかし、その苦しみに耐えて、釈迦はさらに入滅の地クシナーラー（クシナガラ）に向かった。

そして、クシナーラーの町の外れにある林の中で、二本のサーラ樹（沙羅双樹《さらそうじゅ》）のあいだに寝台を設《しつら》えさせ、頭を北に向け、右脇腹を下にして最期のときを迎えた。

釈迦が涅槃に入ることを伝え聞いた大勢の弟子や在家の信者たちが集まり、最期の別れを惜しんだ。このとき、サーラ樹はときならずして満開になったという。

入滅する釈迦。

第3章

インドで作られたお経

お経のための編集会議が開かれた

教えを正しく伝えるための会議

古くは釈迦の教えは口承《こうしょう》で伝えられていた。その教えが間違って伝えられても、釈迦が生きているあいだは釈迦本人に問い質《ただ》せば間違いを改めることができた。しかし、釈迦が亡くなると間違いを正すことができなくなった。

このことを憂慮した仏弟子《ぶつでし》たちが集まって、お経の編集会議を行った。これを結集《けつじゅう》といい、多くの弟子たちが釈迦から聞いて記憶していた教えを読み上げ、内容を確定していった。教えの内容を一字一句チェックし、これが釈迦の教えだという決定版を作ったのである。

最初の結集は仏滅後、すぐに行われたと伝えられている。このときは釈迦の十大弟子《じゅうだいでし》（十人の優れた直弟子で、釈迦亡き後は彼らが中心になって教団をまとめた）が中心になって行われたという。これを第一結集といい、十大弟子のリーダーだった長老の大迦葉《だいかしょう》の呼びかけで行われたという。

従者として釈迦に終生つかえ、身近で釈迦の教えを最も多く聞いていたという、阿難尊者《あなんそんじゃ》（アーナンダ）が経（釈迦の教え。16ページを参照）の部分を、戒律の内容に詳しい優波利《うぱり》が律を読み上げたという。この第一結集で三蔵《さんぞう》のうちの「経」と「律」がそろったのである。

このときインド各地から五〇〇人の僧侶が集まったということから、この第一結集を「五百結集」とも呼んでいる。ちなみに、よく知られている五百羅漢はこのときに集まった五〇〇人をモデルに中国で作られたものだと伝えられている。

また、多くのお経は「如是我聞《にょぜがもん》（私はこのように聞いています）」という文句ではじまる。これは、お経が前述したような結集を経て作られたことをあらわしているのだが、この中の「我」とは阿難のことだという。

大勢の僧侶が参加

次に二回目の結集は仏滅一〇〇年ごろ、行われたといわれている。インド各地から七〇〇人の僧侶が集まったことから「七百結集」とも呼ばれている。

また、この第二結集によって改革派の若手と保守派の長老が真っ向から対立した。その結果、仏教教団は若手を中心とする「大衆部《だいしゅぶ》」と、保守派の長老を中心とする「上座部《じょうざぶ》」に分裂した。これを根本分裂といい、やがて大衆部は大乗仏教の源流の一つとなり、上座部はいわゆる小乗仏教のもとを形成することになるのである。

第三結集は仏滅後、二〇〇年を経《へ》たころ、インドで最初の統一王朝を樹立したアショーカ王の治世に行われたという。一〇〇〇人の僧侶が集まったことから、この結集を「千人結集」と呼んでいる。この結集では経と律の内容を確認するとともに、それらの経典の註釈や思想書である「論」も編纂されたといい、ここに三蔵のすべてがそろったのである。

最後の第四結集は紀元二世紀ごろ、当時、強大な勢力を誇ったカニシカ王の治世にインド北部のカシミールの僧侶が中心になって行われたという。このとき、三蔵のそれぞれに解釈を付けた。これが『大毘婆沙論《だいびばしゃろん》』（二〇〇巻）であるといい、この経典には小乗の教理がすべて網羅されている。

ただし、この第四結集については、歴史的事実ではないとする見方もある。

経文の決定

十大弟子を中心に大勢の仏弟子たちが第一結集の会場に集まった。一人が「私はこのように聞いています」と言って釈迦の教えの内容を読み上げる。これに対して会場にいる修行僧から異議がなければ、教えの内容はそのまま決定する。しかし、「いや、私はそれとは違うことを聞いている」と異議が上がれば、長老たちを中心に審議し、どちらが正しいかを決定する。このように、経文は原則として十大弟子を中心とする長老たちの全会一致で決定した。

『法華経』

白い蓮の花に象徴される、万人救済を説く経典

経文

その時、無尽意菩薩《むじんにぼさつ》は即ち座より起ちて偏《ひと》えに右の肩を袒《あらわ》し、合掌し、仏に向いたてまつりて、この言を作《な》す「世尊よ、観世音菩薩は何の因縁を以《も》って観世音と名づくるや」と。

「観世音菩薩普門品《かんぜおんぼさつふもんぼん》　第二十五」

意訳

そのとき、無尽意菩薩（すべての人々を代表する菩薩）が立ち上がり、右肩を肌脱ぎして左肩にだけ衣の一端をかけて（偏袒右《へんたんう》肩《けん》といって最高の礼を尽くすときの衣の着方）、仏（釈迦）に向かって合掌して次のように述べた。「世尊（釈迦の尊称）よ！　観音菩薩は何ゆえに観世音と名付けられたのですか」

すべての人が救われる

詳しくは『妙法蓮華経《みょうほうれんげきょう》』といい、西暦四〇六年に鳩摩羅什《くまらじゅう》（三四四～四一三）が漢訳した。訳者の鳩摩羅什はインド人を父に持つ西域出身の僧で、四〇一年に長安に迎えられ、膨大な数の仏典を翻訳した。玄奘三蔵とともに、中国最大の翻訳家の一人である。

サンスクリット語名を『サッダルマ・プンダリーカ・スートラ』といい、サッダルマは「正法《しょうぼう》（正しい仏の教え）」、プンダリーカは蓮の花の中でも特に気高いとされる

「白蓮《びゃくれん》」、スートラは「経典」の意味である。これを現代語訳して「正しい白蓮の教え」という。

白蓮が泥中から生じても、その泥に汚されずに美しい花を咲かせるように、すべての人の仏性《ぶっしょう》（悟りを開く可能性）は汚れの多い俗世にあっても失われない。つまり、すべての人に仏になる可能性があって、救われることを説く。

すべての人に白い花を咲かせる可能性がある。

二十八品（章）からなる『法華経』

『法華経』は二十八品《ぼん》（章）の比較的独立性の高い物語からなる。

二十八品は次の通り。

1 序品　2 方便《ほうべん》品　3 譬喩《ひゆ》品
4 信解《しんげ》品　5 薬草喩《やくそうゆ》品　6 授記《じゅき》品
7 化城喩《けじょうゆ》品　8 五百弟子授記品
9 授学無学人記《じゅがくむがくにんき》品　10 法師《ほっし》品
11 見宝塔《けんほうとう》品　12 提婆達多《だいばだった》品
13 勧持《かんじ》品　14 安楽行《あんらくぎょう》品
15 従地涌出《じゅうじゆじゅつ》品　16 如来寿量《にょらいじゅりょう》品
17 分別功徳《ふんべつくどく》品　18 随喜功徳《ずいきくどく》品
19 法師功徳品　20 常不軽《じょうふきょう》菩薩品
21 如来神力《じんりき》品　22 嘱累《しょくるい》品
23 薬王菩薩本事《ほんじ》品　24 妙音《みょうおん》菩薩品
25 観世音菩薩普門品　26 陀羅尼《だらに》品
27 妙荘厳王《みょうしょうごんおう》本事品
28 普賢《ふげん》菩薩勧発《かんぼつ》品

この中で特に重要なのは「方便品」と「如来寿量品」である。その他、大地から涌《わ》き出した菩薩たちに『法華経』を広めることを命じる「如来神力品」、観音菩薩の功徳を説いた「観世音菩薩普門品（通称、『観音経《かんのんぎょう》』）」などはよく知られている。

大乗の矛盾を改める

大乗仏教は初期の仏教徒が、少数（小乗）のものしか救われないという立場をとったことを批判する形で興った新しい思潮だった。そして、大乗は「大きな乗り物」ですべての人が救われることを標榜《ひょうぼう》したのであるが、小乗を批判することに専念したあまり、小乗の徒は救われないというようになった。これでは利他《りた》を標榜し、一切衆生《いっさいしゅじょう》に慈悲の行きわたることを説いた大乗の精神に矛盾する。『法華経』はこのような態度を改め、小乗の修行も無駄ではなかったということを強調したのである。このことについて、次のように説かれている。

「私は前生で修行しているとき、すべての衆生が私と同じ悟りの境地に至るようにしようとの誓いを立てた。ところが、仏陀となって衆生を見渡すと、衆生は錯乱し、教えを理解する力に欠けている。(中略)そこで私は教えを説くことをためらった。しかしそのとき、私の心に一つの考えが浮かんだ。過去の諸仏は方便を用いたのだ。私も方便を用いるべきではないかと考えた。十方《じっぽう》の諸仏が私を激励した。『善《よ》きかな。善きかな。釈迦牟尼仏《しゃかむにぶつ》よ。あなたは無上の法を知らせるために、方便を用いることを思いついた』と。

私はこの諸仏の激励に勇気を得て彼らに感謝し、最初の説法の地となる波羅奈《ばらな》(バラナシ。ガンジス川中流の古都ベナーレス)に向かった。そしてかつて苦行をともにしていた五人の比丘《びく》に向かい、阿羅漢《あらかん》(小乗仏教の修行者)、法、僧などという言葉を用いて、生死《しょうじ》の苦を脱する道(小乗の教え)を説いたのである。こうして多くの人々が私から方便による法の教えを聞くことになった。

そして今、ついに方便を捨てて

火宅

あるとき、長者の家が火事になったが、中にいる子どもは火事に気づかず、遊びに興じており、いくら呼んでも一向に外に出てこない。そこで一計を案じた長者は「外にはお前たちが前から欲しがっていた羊の車、鹿の車、牛の車に玩具を満載して用意したから、早く出て来なさい」と言った。実際には車は用意していなかったが、子どもたちは喜んで外に飛び出して助かった。その後、長者は子どもたちに大白牛車《だいびゃくごしゃ》という立派な車を与えた。

長者は仏、火事になった家(火宅《かたく》)はわれわれが住む迷いの世界。三つの車(三車)は声聞、縁覚、菩薩のための方便の教えで、仏の智慧をそのまま説くときがきた。仏の道を行くのはただ一乗《いちじょう》であり、私の弟子には菩薩しかなく、声聞《しょうもん》（小乗の徒）はいないことを教えるのである。そなたらは、菩薩はもちろん、阿羅漢たちもみな、疑いを除いて仏になることを目指しなさい」

つまり、仏は声聞がまだ未熟だったので、彼らに大乗の教えを説くのを控え、予備的な教えを説いた。声聞はそれにしたがって修行し、悟りを得るものもいたのであるが、彼らは人を助けることはできなかった。しかし、その修行が彼らを成熟させ、大乗仏教を導き出すのに役だつようにしたというのである。

このように、小乗の声聞、縁覚《えんがく》（二乗）は結局、大乗の教え一つ（一乗）で救われることになり、これによって万人救済の道が開けた。

まずはそれぞれのレベルの人々にたとえ話で説き、その後、一乗（大乗）の教えを象徴する大白牛車を与えた。『法華経』の「譬喩品」に見える有名な話だ。

このことを「開三顕一《かいざんけんいつ》」という。すなわち、声聞、縁覚、大乗の菩薩の三乗を開いて、大乗の菩薩の一乗に帰するという意味である。そして、この万人救済の教えに基づいて、悪人や女人の成仏が可能になったのである。

「釈迦の教えは一つであるはずなのに、なぜさまざまな形で説かれるのか」ということは、大乗仏教の進展とともに深まった疑問である。この疑問に応える形で作られたのが『法華経』なのである。

お経の特徴

数百年の年月をかけて作成

このお経はインドから中央アジアに及ぶ広い地域に別々に流布していたストーリーを集め、一つの経典にまとめあげたものだ。つまり、多くの民族や階層の人々の願いを込めて作られたのが『法華経』なのだ。そして、その製作にはおそらく数百年の歳月を費やしたと考えられている。後世、この経典が多くの人に支持され、盛んに信仰されるようになったのは、大乗仏教最大の疑問に応え、人々の要望や願いがこの経典に込められているからである。

広く万人に開かれた救いの門

「観音経」

観音菩薩の功徳を示す

「観音経」は『法華経』の第二五品（章）で、正しくは「観世音菩薩普門品」という。『般若心経』とともに最も広く読まれ、信仰されている経典だ。

文字通り、観音菩薩の来歴と功徳を説いたお経で、「普門」とは「あらゆる方向に顔を向けた」という意味。つまり、広く万人に開かれた観音菩薩の救済の門という意味である。そして、あらゆる方向に顔を向けているということから、時代が下ると十一面観音などの変化観音が登場するようになった。

人が一心に「南無観世音菩薩」と唱えれば、必ずその人の前に観音菩薩があらわれて救いの手を差し伸べてくれるという。阿弥陀如来は人が亡くなると、その人を西方極楽浄土へ連れていってくれる。このような御利益《ごりやく》を後世利益と呼ぶ。これに対して観音菩薩は今、苦しみ困っている人々に救済の手を差し伸べてくれる。これを現世《げんぜ》利益《りやく》という。

その利益について「観音経」では次のように説く。

「金銀財宝を満載した船が嵐で羅刹女《らせつじょ》（恐ろしい女性の鬼）の住む

お経の特徴

どんなときでも救ってくれる観音菩薩の功徳

このお経は観音菩薩の名前の意味、その功徳（利益）について事細かに述べている。そして、功徳については具体的に分かりやすく示している。本文でごく一部を紹介したように、その功徳はわれわれが絶体絶命の窮地に陥っても奇跡的に救出してくれたり、子宝や財宝、幸福を授けてくれたりといった、だれもが望む内容だ。しかも、その願いを叶えるためには菩薩の名を大声で呼び、敬うだけでよいという。

島に漂着しても、乗組員の一人が観音菩薩の名を大声で呼べば、即座にその島から逃れられる。……今まさに処刑されようとしている人が観音菩薩の名を呼べば、処刑人の刀は折れ砕けてしまうだろう」

このように、「観音経」には観音菩薩のあらゆる功徳（利益）が事細かに説かれているのである。

また、「観音経」にはこの菩薩が三三の姿に変身して、救いを求める人々の前にあらわれて救ってくれると述べられている。これを観音菩薩の「三十三変化身《へんげしん》」あるいは、「三十三応現身《おうげんしん》」という。

つまり、救いを求める人の性別や年齢、職業、地位、境遇にふさわしい姿でその人の前にあらわれるというのだ。

ただし、三三というのは実数ではない。仏教では三の倍数は無限をあらわす。性格や境遇などがまったく同じ人は一人としていない。だから、変幻自在に変身し、その人に一番ふさわしい姿であらわれるのだ。

この三十三変化身に基づいて三十三観音霊場が定められ、さらには三十三間堂《さんじゅうさんげんどう》なども、これにちなんで命名された。

三十三変化身から「三十三体観音」

「観音の三十三変化身」にちなんで、中国では「三十三体観音」というものが生まれて人気を呼ぶようになった。これは、大船《おおふな》（神奈川県鎌倉市）の観音で知られるような頭から白衣《びゃくえ》を纏った観音で、柳の枝を持って病気を治す霊力をもつという楊柳《ようりゅう》観音、魚の入った籠《かご》を携えて『法華経』の布教に専念しているという魚藍《ぎょらん》観音など、さまざまな姿のものがある。

日本には三十三体観音の水墨画が伝えられて人気を呼んだ。水墨画の巨匠として知られる雪舟《せっしゅう》も、三十三体観音の名作を残している。

楊柳観音

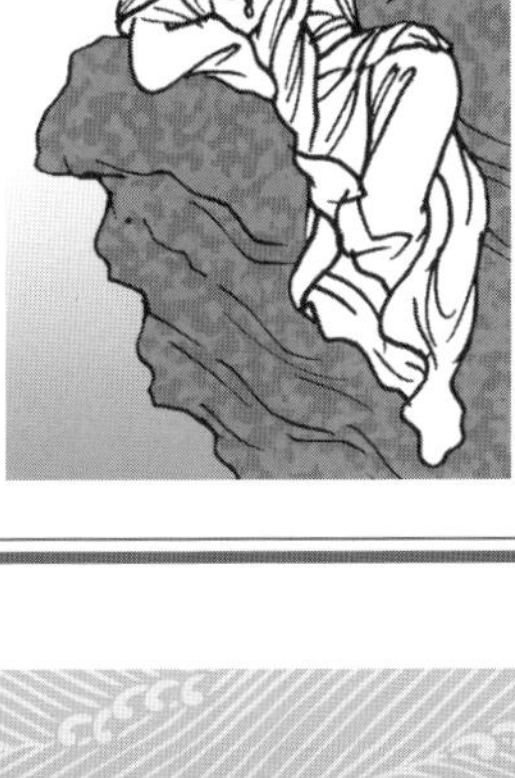

毘盧舎那如来の世界を説く

『華厳経』

経文

(前略)緒《もろもろ》の仏子《ぶっし》よ。当《まさ》に知るべし。(中略)一切の世界海《せかいかい》は、世界海の塵《あまた》の数の因縁有りて具わるが故に成ず。已《すで》に成じ、今成《いまじょう》ずべし。所謂《いわゆる》、如来の神力の故に。法が応に是の如くなるべきが故に。(後略)

▼意訳

(前略)すべての世界の海は、無数の多くの因縁によって成り立っている。すべては因縁によってすでに成立しており、現在成立しつつあり、また未来も成立するであろう。ここにいう因縁とは次のことを指している。それは仏の神通力《じんづうりき》である。またものごとはすべてありのままであるということである。(後略)

太陽のような存在

詳しくは『大方広仏華厳経《だいほうこうぶつけごんきょう》』といい、全体は釈迦が説法をした場所にしたがって、八つの部分(章)から構成されている。これらの各章は大乗仏教が興起した紀元一世紀ごろから別々に成立して流布していたもので、四世紀ごろに『大方広仏華厳経』の名でまとめられたものと考えられている。

三四品(章)からなるが、重要なのは「十地品《じゅうじぼん》」と「入法界品《にゅうほっかいぼん》」の二つである。また、これらの二品のみ、サンスクリット語の原典が残っている。

「華厳」というのは「美しい華（花）で荘厳《しょうごん》された（飾られた）」という意味で、この経典の主人公である毘《び》盧《る》舎《しゃ》那《な》如来《にょらい》の真理の世界（悟りの世界）のこと。これを「蓮華蔵世界」と呼ぶ。

毘盧舎那如来はサンスクリット語でヴァイローチャナといい、「輝くもの」、つまり太陽のような存在をあらわすという。太陽が万物を生成させるように、毘盧舎那如来は世界の中心にあって無数の仏、菩薩を生み出して人々を救済すると説かれている。

本経にはさまざまな求道者《ぐどうしゃ》が毘盧舎那如来の真理の世界を体得するために、身命を擲《なげう》って厳しい修行をしたことが説かれている。

一〇段階のプロセスで悟りに至る

「十地品」の十地とは悟りを目指す菩薩の修行によって得られる境地の発展段階のこと。

第一は「歓喜地《かんぎち》」で、仏道に志すことができた喜びに浸る初心の菩薩の境地。

第二の「離垢地《りくち》」は基本的な道徳が身に付き、しだいに平静な生活が送れるようになって心が落ち着く段階。

第三の「明地《みょうち》」ではしだいに悟りの智慧の光明があらわれ、第四の「炎地《えんち》」ではその智慧の光明がますます盛んになる。

そして、第五の「難勝地《なんしょうち》」では、もはやいかなる邪念にも惑わされることがなくなり、第六の「現前地《げんぜんち》」に至ると、一切の存在は虚妄で、ただ心が作り出したものであることを悟る。

お経の特徴

菩薩の理想像を示している

毘盧舎那如来が治める蓮華蔵世界と、そこでどのようにして悟りの境地に至るかを説いたお経。『法華経』がストーリー性が強いのに対して、『華厳経』は菩薩とはどういう存在かという菩薩の理想像を示し、また、「十地品」に見られるように、菩薩が修行によってどういう境地に至るかが説かれている。そして、本文にも述べたが、この理想を求めながら、他者を悟りの境地に専念させるべきことが強調されている。

第七の「遠行地《えんぎょうち》」では涅槃《ねはん》（悟りの世界）と生死《しょうじ》（現実の世界）に自由に出入りすることができるようになり、第八の「不動地《ふどうち》」になると、特定の目的にとらわれない心の働き、つまり、本来の心の働きが自然に湧き出てくる。

第九の「善慧地《ぜんえち》」では仏陀の秘密の境地に入って、不可思議で偉大な力を獲得する。

そして、最後の第十の「法雲地《ほううんち》」に至れば、無数の如来が雨降らすように説く深遠な教えをすべて聞くことができるという。

以上が菩薩が修行によって至る境地である。そして、菩薩は十地全体を通して自分のための悟りと同時に、他者を悟りに向かわせる利他行《りたぎょう》（他人に利益を与えるための修行）に励むべきことが説かれている。

人気を博した善財童子の物語

また、「入法界品」では善財童子《ぜんざいどうじ》という人一倍、求道心に富んだ少年が五三人の善知識、すなわち、優れた智慧の持ち主に仏教の奥義を尋ね歩くというストーリーが展開される。

ここで善財童子は優れた菩薩だけではなく、少年、少女、医師、長者、仙人、外道《げどう》（仏教以外の宗教者）など、あらゆる階層やさまざまな宗教の信者を訪問する。これは、求道心旺盛な菩薩の前には階級や宗教は関係なく、とにかく真理を追究することが先決であるということを示したもので、在家主義の大乗仏教の在り方を端的に示すものとして注目される。

後世、この善財童子の物語は大

優れた智慧の持ち主を訪ね、仏教の奥義を教わる善財童子。

釈迦如来の生みの親

毘盧舎那如来は蓮華蔵世界の中心で、千枚の花弁のある蓮の花（蓮華）に座って教えを説いている。そして、千枚の花弁の一枚一枚には釈迦がいて教えを説いている。これを「千葉《せんよう》の大釈迦」という。そして、千葉の大釈迦もそれぞれ千枚の花弁のある蓮華上に座り、その千枚の花弁にもそれぞれ釈迦がいて教えを説いており、これを「千葉の小釈迦」と呼んでいる。毘盧舎那如来は仏教の教え（法）そのものを仏格化（神格化）した仏だ。悠久の過去から未来永劫にわたって変わることのない教え（法）があれば、その教えによって悟りを開き、仏陀（釈迦）になるものが、過去、現在、未来にわたって生まれてくる。毘盧舎那如来は釈迦如来の生みの親で、釈迦の本仏と呼ばれる。

蓮華蔵世界をあらわす千葉の大釈迦と小釈迦。

いに人気を博し、善財童子が文殊《もんじゅ》菩薩を御意見番にはるばる善知識を尋ねる姿をあらわした「渡海《とかい》文殊」というものも作られた。また、「東海道五十三次」はこの物語にちなんで定められたという。

さらに、中国では『華厳経』に基づいて華厳宗が開かれ、これが日本に伝えられて奈良の東大寺が建立された。周知の通り、東大寺の大仏は毘盧舎那如来で、聖武《しょうむ》天皇は世界の中心に君臨する毘盧舎那如来を東大寺に安置し、ここを総国分寺としてその威光を全国の国分寺に行きわたらせることを企画した。つまり、大仏の造立と国分寺の建立は、『華厳経』の思想に基づいて中央集権国家の確立を図ったものだったのである。

二六二文字の中に膨大な教えを凝縮

『般若心経』

経文

観《かん》自《じ》在《ざい》菩《ぼ》薩《さつ》。行《ぎょう》深《じん》般《はん》若《にゃ》波《は》羅《ら》蜜《みっ》多《た》時《じ》。照《しょう》見《けん》五《ご》蘊《うん》皆《かい》空《くう》。度《ど》一《いっ》切《さい》苦《く》厄《やく》。

舎《しゃ》利《り》子《し》。色《しき》不《ふ》異《い》空《くう》。空《くう》不《ふ》異《い》色《しき》。色《しき》即《そく》是《ぜ》空《くう》。空《くう》即《そく》是《ぜ》色《しき》。受《じゅ》想《そう》行《ぎょう》識《しき》亦《やく》復《ぶ》如《にょ》是《ぜ》。

舎《しゃ》利《り》子《し》。是《ぜ》諸《しょ》法《ほう》空《くう》相《そう》。

訳文

観自在菩薩（観世音菩薩）が悟りの智慧を得るための修行をしていたとき、世の中のすべての存在（五蘊）は空である（特定の性質を持たない）ということを悟った。そのように悟ったことで、観自在菩薩は一切の苦しみや厄から逃れることができた。

舎利弗《しゃりほつ》よ！（先に「五蘊はみな空である」と説いたが、ここでは五蘊の一つ一つについて考えてみよう）色（色形のあるもの）は空となんら異なるところがない。亦、空は色と異なるところがない。色は即ち空であり、空は即ち色である。そして、受以下の五蘊についても同じことがいえる。つまり、受不異空。空不異受。想不異空。空不異想である……。と、五蘊のそれぞれについて観察すべきである。

仏の悟りの智慧をあらわす

サンスクリット語の原題は『プラジュニャーパーラミターフリダヤスートラ』。詳しくは『仏説《ぶっせつ》摩訶《まか》般若波羅蜜多心経《はんにゃはらみったしんぎょう》』と呼ぶ。

「仏説」というのは多くの経典につけられる言葉で、文字通り、「仏（釈迦）が説いた」という意味である（13ページを参照）。

「摩訶」は「大きい」「偉大な」という意味で、摩訶不思議などという言葉でお馴染み。サンスクリット語のマハーを音写（サンスクリット語の発音を漢字の音で写す不生不滅《ふしょうふめつ》。不垢不浄《ふくふじょう》。
不増不減《ふぞうふげん》。
是故《ぜこ》空中《くうちゅう》無色《むしき》。無受《むじゅ》
想行識《そうぎょうしき》。無眼耳鼻舌《むげんにびぜっ》
身意《しんい》。無色聲香味触《むしきしょうこうみそく》
法《ほう》。無眼界《むげんかい》。乃至無《ないしむ》
意識界《いしきかい》。

舎利弗よ！　この世に存在するもの（是諸法）はすべて、その本質において固定的な実体がない（空相）。だから、生じたというものでも、滅したというものでもなく（不生不滅）、汚れたものでもなく、清浄なものでもない（不垢不浄）、増えることもなければ、減ることもない（不増不減）。それ故に、空性においては色もなく、受もなく、想もなく、行もなく、識もない。また、眼もなく、耳もなく、鼻もなく、舌もなく、身（身体）もなく、心もない。また、眼や耳といった感覚器官の対象である色（色形）もなければ、聴覚の対象である聲（音声）もなく、嗅覚（鼻）の対象である臭いもなく、味覚の対象である味もなく、身体の触覚の対象であるものもなく、心の対象である意識もない。そして、眼や識などそれぞれの感覚器官と、その対象である視覚や意識（心）を成り立たせている眼界や意識界といったものもないのである。

（次ページへ続く）

こと）したものだ。

「般若」はサンスクリット語のプラジュニャーの音写で「智慧」の意味。智慧といっても、凡夫（凡人）の知恵ではなく、この経典の中心にもなっている仏の悟りの智慧をあらわす。「波羅蜜多」はサンスクリット語のパーラミターを音写したもので、「完成」の意味。『般若心経』をはじめとする「般若経典」は「般若波羅蜜（多）」、すなわち、「智慧の完成（到彼岸《とうひがん》）」を説く経典なのである。

「心」はサンスクリット語でフリダヤ、もともと「心臓」を指すが、「中心」「精髄」という意味がある。「経」はサンスクリット語でスートラ、「経典」の意味である。

以上をつなげると『般若心経』

経文

無《む》無《む》明《みょう》亦《やく》無《む》無《む》明《みょう》盡《じん》。乃《ない》至《し》無《む》老《ろう》死《し》亦《やく》無《む》老《ろう》死《し》盡《じん》。無《む》苦《く》集《じゅう》滅《めっ》道《とう》。無《む》智《ち》亦《やく》無《む》得《とく》。以《い》無《む》所《しょ》得《とく》故《こ》。菩《ぼ》提《だい》薩《さっ》埵《た》。依《え》般《はん》若《にゃ》波《は》羅《ら》蜜《みっ》多《た》故《こ》。心《しん》無《む》罣《けい》礙《げ》。無《む》罣《けい》礙《げ》故《こ》。無《む》有《う》恐《く》怖《ふ》。遠《おん》離《り》一《いっ》切《さい》顚《てん》倒《どう》夢《む》想《そう》。究《く》竟《ぎょう》涅《ね》槃《はん》。三《さん》世《ぜ》諸《しょ》仏《ぶつ》。依《え》般《はん》若《にゃ》波《は》羅《ら》蜜《みっ》多《た》故《こ》。

訳文

空の世界では、前に挙げた六根《ろっこん》（眼・耳・鼻などの感覚器官）、六境《ろっきょう》（色・声などの感覚の対象）、六識《ろくしき》（眼界や意識界という感覚器官と感覚の対象をなりたたせる領域）からなる十八界がないので、迷いの根源である無明もなければ（無無明）、無明が尽きるということもない（亦無無明盡）。そして、無明を原因としてこの世に生を受け、やがて、老いて死にゆく。しかし、無明がなければ、生も、それに連なる老死もなく（無老死）、また、老死が尽きるということもない（無老死盡）。また、世の中は「苦」であり、その苦には原因があり（集）、だから苦は滅することができる（滅）、そして、苦を滅するための方法（道）がある。これを四諦（苦の滅に至る四つの真理）というが、苦は無明を原因としているので、無明がなければ四諦もないのである（無苦集滅道）。また、無明がなければ、たとえば修行を積んで得られるようなハイレベルの智慧もない（無智）。

は「仏（陀）が説かれた、智慧の完成（悟り）のための偉大な智慧を説いた経典」ということになる。

『般若心経』の内容を集約した冒頭の一節

『般若心経』は二六二文字の中に膨大な「般若経」の内容を凝縮したものであるが、その中でも冒頭の次の一節がその内容をすべて言い切っているという。すなわち、「観自在菩薩。行深般若波羅蜜多時。照見五蘊皆空。度一切苦厄」の二五文字だ。

観自在菩薩は観世音菩薩と同じ意味で、七世紀の玄奘三蔵による新訳《しんやく》。それまでの観世音菩薩を旧《く》訳《やく》という。この菩薩は衆生の救済を求める声を自在に聞きつけて助

得《とく》阿《あ》耨《のく》多《た》羅《ら》三《さん》藐《みゃく》三《さん》菩《ぼ》提《だい》。故《こ》知《ち》般若《はんにゃ》波《は》羅《ら》蜜《みっ》多《た》。是《ぜ》大神呪《だいじんしゅ》。是《ぜ》大明呪《だいみょうしゅ》。是《ぜ》無上呪《むじょうしゅ》。是《ぜ》無《む》等《とう》等《どう》呪《しゅ》。能除《のうじょ》一切《いっさい》苦《く》。真《しん》実《じっ》不《ぷ》虚《こ》。故《こ》説《せつ》般若《はんにゃ》波《は》羅《ら》蜜《みっ》多《た》呪《しゅ》。即説呪曰《そくせつしゅわっ》。羯諦《ぎゃてい》。羯諦《ぎゃてい》。波《は》羅《ら》羯《ぎゃ》諦《てい》。波羅僧羯諦《はらそうぎゃてい》。菩《ぼ》提《じ》薩《そ》婆《わ》訶《か》。般若心経《はんにゃしんぎょう》。

つまり、世俗的な智慧や知識から見ると次元の高い智慧も、完成された仏の智慧（般若波羅蜜）からすれば無に等しいのである。およそ世の中にあらわれている存在というものは仮の姿であって、その実体はないのである（無得）。

それ故に（次のように）知るべきである。般若波羅蜜多の偉大なマントラ（呪文「是大神呪」）、偉大な明知のマントラ（「是大明呪」）、最上のマントラ（「是無上呪」）、比類なきマントラ（「是無等等呪」）は、あらゆる苦悩を取り除いてくれるものであり（「能除一切苦」）、真実で偽りがない（真実不虚）。（それでは）般若波羅蜜多を修行するときにとなえるマントラを説こう（「説般若波羅蜜多呪」）。すなわち、そのマントラは以下の通りだ（即説呪曰）。

羯諦。羯諦。波羅羯諦。波羅僧羯諦。菩提薩婆訶。

ここに『般若心経』のマントラを説き終わった。

けに来てくれるという（56ページを参照）。この観自在菩薩が主人公であることが『般若心経』の一つの特徴でもある。

その観自在菩薩が「深遠な智慧の完成（深般若波羅蜜多）」、つまり、深遠な（偉大な）智慧の完成に至る道を修行していた（行）とき、世の中のあらゆる存在現象を自在に観る智慧を獲得した。

そして、この世の中のすべての存在（五蘊《ごうん》）が空（実体のないもの）であることを明らかに見定めた（照見五蘊階空）。五蘊とはこの世の中のすべての存在のこと。すべてが空であると悟った瞬間に一切の苦しみから解放されたという意味である（度一切苦厄）。

『般若心経』の真髄はこの二五

文字に言い尽くされているということができる。
以降はこの冒頭の一節の説明といってよいだろう。

あらゆる危機から逃れることのできる偉大な呪文・お守り

一方でこの経典があらゆる危難から救ってくれる偉大な呪文であり、お守りであるということを、『般若心経』自身が宣言している。それが「故知般若波羅蜜多。是大神呪。是大明呪。是無上呪。是無等等呪。能除一切苦。真実不虚。故説般若波羅蜜多呪」という部分である。

つまり、この『般若心経』は偉大な呪文であるから、この呪文を唱えれば一切の苦を除くことができる（能除一切苦）。これは紛れもない真実である（真実不虚）。そして、その呪文が「羯諦。羯諦。波羅羯諦。波羅僧羯諦。菩提薩婆訶」である。

仏教ではこのような呪文を真言（陀羅尼《だらに》）といって、早くから盛んに唱えられていた。そして、先に挙げた呪文も『般若心経』が成立する以前から人々のあいだで唱えられていたとも考えられる。

その呪文を中心に据えて、大乗仏教で最重要な「空」の思想を簡潔に述べた部分を結合したのは、仏教を民衆のあいだに広めようとする大乗仏典作者のアイデアだったと考えられる。

七世紀にインドに求法の旅に上った玄奘三蔵は幾多の苦難を乗り越えて万巻の仏典を中国（唐）

玄奘三蔵は求法の旅のあいだ、『般若心経』を唱えていた。

五蘊とは

五蘊とは世の中の存在の在り方を五つの要素に分析したもので、蘊は集まりの意味。われわれ人間を含む世の中の存在は色《しき》・受《じゅ》・想《そう》・行《ぎょう》・識《しき》の五つの要素

お経の特徴

あらゆる災いから逃れられる

『般若心経』は経文のほとんどがサンスクリット語を音写したものである。これが第一の特徴だ。

そして、膨大な「般若経典」を二六二文字に凝縮したこのお経は、仏教用語などの相当な知識がないと、その意味を理解するのが困難である。にもかかわらず、早くから絶大な人気を博しているのは、このお経を唱えるだけであらゆる災難や危機を逃れることができると信じられていたからである。

そして、いちばん霊験《れいげん》あらたかなのが最後の陀羅尼（呪文）だ。かつて、中央アジアなどでは危難に際しては陀羅尼の部分だけを唱えていたという。

に持ちかえり、仏教発展の基礎を築いた。

その玄奘が旅のあいだ、常に携行して盗賊や砂嵐といった危難に遭うたびに唱えていたのが『般若心経』だった。

玄奘は『般若心経』の霊力によって幾多の危機を乗り越えたといい、その霊験譚《れいげんたん》から当時の中国で『般若心経』が爆発的な人気を呼んだと伝えられている。

日本では、『般若心経』は浄土真宗を除くすべての宗派で読誦《どくじゅ》されるが、やはり悪霊《あくりょう》退散の祈祷の意味合いが強い。浄土真宗は密教的なものを一切排除しており、この経典が陀羅尼を中心とする密教的なものであるために読誦に用いないのである。

から成り立っているというのだ。

色は文字通り、色形のあるもので、物質的要素。受想行識は精神的要素。われわれは対象（色）を受け止め（受）、認識し（想）、それに積極的に働きかける（行）。そして、その一連の感受作用を識（心）が統括しているのだ。つまり、花（色）を見（受）、それが花だと認識して美しいとか美しくないなどの判断をする（想）。そして、美しい花を愛でる、あるいは手折るなどの行動に出る（行）。その行動がさまざまな善悪の結果を生む（識）。

他所の家の庭の花を手折ればその家の人と争いになって思わぬ悲惨な結果を招くかもしれない。『般若心経』ではこの五蘊には特定の性質がない（空）と説く。その認識があれば、花などに執着して煩わされることがない。

在家が主役の大乗仏教

救いをめぐる矛盾

釈迦が亡くなってからしばらくのあいだ、仏弟子たちは釈迦と同じ修行をして悟りを開くことを目指していた。彼らは出家して僧院《そういん》（修行する施設）に籠り、戒律を守って日々、厳しい修行に専念した。

しかし、そんな厳しい修行生活をしても悟りを開く人はごく一握り。初期の仏教がモットーとした出家主義は、もともと在家の信者が食事を提供するなどの布施をして出家の修行者を支えることが大前提で、出家者が増加すると在家の信者が支えきれない。しかも、多くの人は生活のために働かなくてはならず、たとえば一家の主が出家すると、家族は路頭に迷うことになる。

もともと出家主義はごく一握りの人しか救うことができないという矛盾を孕《はら》んでいたのである。

修行に専念しなくても救われる

このような矛盾を解消しようと紀元前後に興ってきたのが大乗仏教だ。大乗仏教を提唱した人たちは、ごく一部のエキスパートしか救われないのは、万人が救われる道を説いた釈迦の趣旨に反するとして、それまでの出家主義を痛烈に批判した。

そこで、大乗仏教は在家主義を旗印に掲げたのである。彼らは戒律《かいりつ》も大幅に緩めて、ふつうの職業を持って家庭生活を営んでいる人でも守れる内容に改めた。そして、在家の戒律を守り、釈迦の教えにしたがって生きていけば、やがては釈迦と同じ悟りの境地に至ることができると考えたのである。

このような在家主義の大乗仏教は瞬く間にインドから中央アジアの広い地域に広まり、多くの大乗経典が作られるようになった。そして、在家の人たちが出家者と同じステージに立つことができるようになったことから、仏教は一気に裾野が広がった。大乗仏教とは言葉を換えれば仏教の大衆化運動ということができるだろう。

さらに、在家の人々がいちばん進みやすい道が次々と考案された。日本には多くの宗派がある（28ページを参照）。大乗仏教は、仏教の教えにしたがって生きていこうとする人々が生きやすい道をたくさん用意してくれているということだ。

日本に仏教が伝えられたのは五三八年のことだが、飛鳥《あすか》時代から奈良時代は天皇中心の仏教、平安時代は貴族中心の仏教。そして、鎌倉時代になってはじめて民衆がドッと仏教に参加してくる。

この時代には法然《ほうねん》の浄土《じょうど》宗、親鸞《しんらん》の浄土真《じょうどしん》宗、一遍《いっぺん》の時《じ》宗、栄西《えいさい》の臨済《りんざい》宗、道元《どうげん》の曹洞《そうとう》宗、日蓮《にちれん》の日蓮宗と、現在ある十三の宗派のうち約半数が鎌倉時代に開かれた。これら六人の開祖たちはみな、在家の人々がいかに速やかに救われるかを必死になって考えたのである。

大乗仏教なら、在家の人々も仏教の教えにしたがって生きていくことができる。

平易な文章で書かれたお経

鎌倉時代には民衆が一気に仏教に参加するようになる。しかし、漢文で書かれた難解なお経は、一般民衆には理解し難い。そこで、これを仮名を中心とした優しい文章に直したものが作られるようになり、在家の人々の布教に大きな役割を果たした。特に、浄土真宗の中興《ちゅうこう》の祖《そ》として仰がれる蓮如《れんにょ》の、親鸞の教えを平易に書いた『御文《おふみ》』（大谷派では『御文』、本願寺派では『御文章《ごぶんしょう》』という）が有名である。

『維摩経』

知恵者の維摩居士と文殊菩薩の問答

経文

その時、毘耶離《びやり》大城中に長者あり。名づけて維摩詰《ゆいまきつ》という。すでにかつて無量の諸仏を供養し、深く善本《ぜんぽん》を植う。無生忍《むしょうにん》を得て、辯才無礙《べんざいむげ》なり。遊戯神通《ゆげじんづう》にして緒《もろもろ》の総持《そうじ》に逮《およ》ぶ。無所畏《むしょい》を獲て魔を降《くだ》し、怨《えん》を勞す。深き法門に入り、智度《ちど》を善くする。（後略）

▼意訳

そのとき、毘耶離の大城に維摩詰という一人の長者がいた。すでに過去において無量の諸仏に供養し、善い行いを積んでいた。過去世において聞いた善い教えを忘れず、常に自信に溢れた説法をした。そして、欲望から生じる苦悩（欲魔）、身心から生じる苦悩（身魔）、死を恐れることから生じる苦悩（死魔）、災難を恐れることから生じる苦悩（天魔）を受け付けず、大乗の門に入って衆生を救う種々の方法を会得した。（後略）

維摩居士を見舞う

詳しくは『維摩詰所説経《ゆいまきつしょせつぎょう》』という。主人公の維摩居士《こじ》は釈迦在世当時、インドの毘耶離市という町に住んでいた大富豪。在家《ざいけ》の身でありながら仏教を深く理解していた。妻を持ちながら、清浄な生活を送り、質素な食事で満足し、つねに禅の境地を楽しんでいた。

そんな維摩居士が、あるとき、人々を教え導くための方便として「衆生が病むから私も病む」という病気になった。

維摩居士が病床にあることを

知った釈迦は、まず、十大弟子の一人である舎利弗を呼んで見舞いに行くように言う。しかし、舎利弗はこれを固辞する。釈迦は他の弟子たちに見舞いに行くように言うが、彼らも残らず固辞する。維摩の智慧は仏弟子たちをはるかに凌《しの》ぎ、仏弟子たちはみな、かつて維摩と論争してこっぴどくやり込められた経験を持っていたのだ。

そこで釈迦は最後に、仏弟子の中で最高の知恵者とされる文殊菩薩に見舞いに行くように命じた。文殊がこれを快諾すると、固辞していた弟子たちも一緒に見舞いに行くと言い出した。彼らは仏弟子中、最高の知恵者である文殊と、仏弟子を凌ぐ在家の知恵者で、ふだんから自分たちがやり込められている維摩との論戦を見物しようと思ったのだ。

維摩は文殊が見舞いに来ることを知ると、調度品がなにもない空っぽの一丈《いちじょう》四《し》方《ほう》の部屋に寝台を一つ置き、そこに横たわっていた。挨拶を交わした文殊は、さっそく維摩居士になぜ病気になったのかと尋ねた。すると、維摩は「一切衆生が病んでいるから、私も病んでいるのです。菩薩（私）は衆生が病むと病み、衆生が癒えると癒えるのです。この病気は大慈《だいじ》（大いなる慈悲）より起こります」と答えた。

維摩居士。

つまり、一切衆生がさまざまな煩悩《ぼんのう》や悩みを持って苦しんでいる。そのように衆生が抱えている心の病を慮《おもんぱか》って、自分も病んでいる。これは衆生に対する慈悲の心から来る病で、衆生の病が治らない限り治ることがない、というのだ。

維摩の病気の原因を悟った文殊は、次に維摩の部屋がなぜ空っぽなのかと尋ねる。文殊は部屋に入ったときから、大富豪の維摩の部屋がなぜこれほどまでに狭く、しかも調度品がなにもないのか気になっていたのである。

文殊のこの質問に対して維摩は

我が意を得たりとばかりに「仏土《ぶつど》も空っぽですよ」と答える。この言葉に文殊は「仏土が空っぽとは、なんということをおっしゃるのですか」と詰問する。

　すると、維摩は「無分別空《むふんべつくう》（分別せずにすべてを空と見ること）です」と答える。つまり、すべての執着《しゅうじゃく》（分別）を離れた空の境地に達することが、仏土（悟りの世界）に至ることだと説く。維摩が予め《あらかじめ》なにもない部屋にいたのは、大乗仏教の根本である「空《くう》」の思想を暗示するためだったのである。

不二の法門

　さらに、維摩と文殊の問答は続き、今度は維摩が菩薩たちに「不《ふ》二《に》の法門《ほうもん》（教え）に入るとはどういうことかを、めいめいに述べてみませんか」と巧みに誘いをかけた。

　不二の法門とは、「生」と「滅」、「穢《けが》れ」と「清浄」などといった対立したものが不二（同一）であるかどうかという問題である。『般若心経』で「色即是空、空即是色」、つまり、「色（現実の世界にあるあらゆる存在）」はすなわち「空（悟りの境地）」であり、空はまた色であると説かれるように、現実の穢れた世界はそのまま悟りの境地であるというのが大乗仏教の奥義とされる。しかも、その色と空との同一（不二）はわれわれ凡夫（凡人）の知恵や言語を絶したものである。

　そのような、言語ではあらわす

お経の特徴

大乗仏教の特徴を強調

　このお経の最大の特徴は在家の仏教徒（維摩居士）が主人公で、その在家の仏教徒が出家《しゅっけ》の仏弟子たちを打ち負かすというところにある。

　大乗仏教は在家主義で、出家主義のいわゆる小乗仏教を批判する形で興った新しい仏教である。『維摩経』はその大乗の立場を軽快なストーリーの中に見事に映し出している。そして、維摩居士がかかったという「衆生が病むから私も病む」という病気は、慈悲の心をもって他者を助けようという大乗の利他（他人に利益を与える）の精神、菩薩の精神をあらわしている。

ことのできない「不二の法門」について、それまで固く黙していた仏弟子たちが次々と自説を述べた。そして、彼らの説を聞き終わった維摩が最後に文殊に尋ねた。

「あなたのお説はいかがですか」

これに対して文殊が、

「一切の法（真理）は言語を超越しています。だから、あらゆる問答を離れることを不二の法門に入るというのです」

と答えた。そして、今度は文殊が維摩に向かって、

「さあ、われわれの見解はすべて述べ終わりました。今度はあなたの番です。不二の法門に入るとは、どういうことですか」

と、質した。


これに対して、維摩は口を一文字に閉じたまま押し黙って、返事をしなかった。これを見た仏弟子たちは文殊が議論に勝ったと思った。しかし、文殊は維摩の自信に満ちた表情を見て沈黙の意味をさとり、感嘆の声を上げた。

「素晴らしい、素晴らしい。あなたは一言も発しない。これこそ真に不二の法門に入ることです」

このとき、仏弟子たちをはじめとする多くの菩薩たちは、一斉に不二の法門を体得したのである。

すなわち、維摩は不二の法門という命題に沈黙を保つことによって、その真髄を表現したのである。これは「維摩の沈黙」といわれるこの経典の最もドラマチックな場面で、日本でも人気がある。

維摩詰問疾文殊

「維摩詰問疾文殊《ゆいまきつもんしつもんじゅ》」とは、維摩居士と問答をする姿をあらわした文殊菩薩像で、奈良の興福寺《こうふくじ》の東金堂《とうこんどう》の須弥壇《しゅみだん》の向かって右に文殊菩薩、左に維摩居士（ともに国宝）がまつられている。ふつう、文殊菩薩は獅子の上の蓮華の台座に座り、右手に剣、左手に蓮の花を持つ。しかし、維摩詰問疾文殊は話をするポーズをとっている。一方の維摩居士も手を胸の前あたりに掲げて話をするときのポーズをとり、仏弟子たちが苦手にしていたということを彷彿《ほうふつ》とさせるようないかにもうるさ方という風貌《ふうぼう》になっている。この維摩詰問疾文殊像は早くから人気を博し、他にも法隆寺《ほうりゅうじ》や石山寺《いしやまでら》など各地にある。

浄土信仰の根本経典の一つ

『大無量寿経』

経文

（前略）仏《ぶつ》、阿難《あなん》に告げた。その時、法蔵比丘《ほうぞうびく》、この頌《じゅ》を説きおわるや、その時、普《あまね》く地六種振動《りくしゅしんどう》す。天より妙《みょう》華《げ》を雨ふらし、もってその上に散らす。自然《じねん》の音楽、空中より讃えて言う、「（なんじ）決定《けつじょう》して必ず、無上の正《しょう》覚《がく》を成ぜん」と。ここに法蔵比丘、かくのごときの大願を具足《ぐそく》し、修満《しゅうまん》す。（後略）

▼意訳

（前略）釈迦が阿難に言った。（とてつもなく遠い昔）法蔵比丘が四八の大願を説き終わったとき、大地が四方、上下の六種に震動した。天からは妙華（天界に咲き誇る美しい花）が降り注ぎ、大地にちりばめられた。そして、どこからともなく妙なる音楽が流れ、「この大願を成就して最高の悟りを得よ！」とたたえる声が聞こえてきた。そして、今、法蔵比丘は四八の大願を悉《ことごと》く成就し、この上ない悟りを開いたのである。（後略）

阿弥陀如来の願い

『仏説阿弥陀経《ぶっせつあみだきょう》』『観無量寿経《かんむりょうじゅ》』とともに、「浄土三部経《じょうどさんぶきょう》」の一つに数えられ、浄土信仰の根本経典である（30ページを参照）。もと国王だった法蔵《ほうぞう》という比丘《びく》（修行僧）が四十八の大願《たいがん》を成就して仏（如来）となったという内容である。

『大無量寿経《だいむりょうじゅきょう》』のメインは阿弥陀如来が法蔵比丘のときに立てた四十八の大願である。ここではその主要なものを紹介しておく。

第一願「私が仏になったとき（以下、冒頭は同文にて省略）、私の浄土に地獄、畜生《ちくしょう》、餓鬼《がき》界に落ちるものがいるならば、私は仏にならない（以下、末尾の部分も同文にて省略）」

第十一願「私の浄土の衆生が悟りを確実にせず、滅度《めつど》にも至らないならば」

第十二願「私が発する光に限界があるならば、それがたとえ百千億那由他《なゆた》の諸仏を照らす眩《まぶ》しさを持っていても」

第十三願「私の寿命に限界があるならば、それがたとえ百千億那由他の劫《ごう》に達するぐらい長くても」

阿弥陀如来は人々を救うために大願を立てた。

第十四願「私の浄土の声聞《しょうもん》の数に限りがあるならば、それがたとえ百千劫かからなければ数えきれないくらい多くても」

第十六願「私の浄土の衆生のあいだに悪という言葉が聞かれるようなら」

第十七願「十方《じっぽう》世界の無量の諸仏が私の名前をたたえないようなら」

第十八願「十方の衆生が真心をこめて私の浄土に生まれたいと願い、一〇回そう思ったのに、その通りにならないようなら、私は仏にならない。ただし、五逆罪《ごぎゃくざい》（親を殺すとか、仏を傷つけるといった五つの極悪非道の罪）を犯したものと正法《しょうぼう》を誹謗《ひぼう》したものとを除く」

第十九願「十方の衆生が菩提心を起こし、功徳を修め、真心をこめ

お経の特徴

浄土信仰の根本となる教典

この経典の最大の特徴は「阿弥陀如来の救済の力を信じ、その名を念ずる（南無阿弥陀仏と念仏を唱える）ものを必ず極楽往生させる」と説いたところにある。後世、これを他力本願の思想ととらえ、日本では法然や親鸞がこの教えに基づいて浄土宗や浄土真宗を開いた。また、初期の仏教では女性が成仏することは難しいと考えられていたが、このお経は『法華経』などとともに女性の成仏を高らかに謳《うた》った。それも爆発的人気の秘密だ。

て私の浄土に生まれたいと思ったのに、その臨終に際して私が供を連れて彼らの前にあらわれないようなら」

第二十願「十方の衆生が私の名を聞き、私の浄土を思い、功徳を修めて、浄土に生まれるようにと真心をこめてその功徳を回向《えこう》したのに、その願いが叶わないようなら」

第三十四願「十方世界の衆生が私の名を聞き、菩薩の無生法忍《むしょうほうにん》ないし総持《そうじ》（陀羅尼）を得ないようなら」

第三十五願「十方世界の女性が私の名を聞き、菩提心を起こし、女性であることを嫌悪したのに、再び女性に生まれ変わるようなら」

　このような四十八の大願を成就すべく、法蔵比丘は五劫《ごこう》というとてつもない長い時間にわたって菩薩の修行をした。そして、その四十八願をすべて実現可能にして悟りを開き、阿弥陀如来となったというのである。

　このうち、第十八願は「王本願《おうほんがん》」といわれて特に重視される。浄土宗の開祖法然は第十八願を念仏を唱えれば誰でも往生できるとする「念仏往生の願」、第十九願を臨終に際して必ず阿弥陀如来があらわれるという「臨終現前《りんじゅうげんぜん》の願」、第二十願を人が三回生まれ変わるうちに、必ず阿弥陀如来が救ってくれるという「三生果遂《さんしょうかすい》の願」と名付けて重視した。また、浄土真宗の開祖親鸞も第十八願を重視するが、親鸞の場合は五逆罪を犯したものでも往生できると説く。

善導大師
―浄土信仰の大成者

　浄土信仰を体系化したのは中国の善導《ぜんどう》（613 ～ 681）という人である。善導は浄土の姿を観想する「十六観」という修行法を編み出し、中国の浄土信仰の骨格を築いた。善導の教えは後世に大きな影響を与え、日本の法然や親鸞も彼の教えの影響を受けて浄土宗や浄土真宗を開いた。古くから浄土信仰のことを浄土教と呼んでいた。そして、浄土教に基づいてはじめて一宗派を開いたのが法然の浄土宗で、続いて親鸞の浄土真宗、一遍の時宗などが開かれた。ちなみに知恩院など本山級の浄土系寺院には、法然上人像とともに、善導大師像をまつることが多い。

十八番——おはこ

本文でも述べたように、阿弥陀の四十八願のうちでも第十八願は「王本願」と呼ばれて特に重要視される。ここに阿弥陀如来の真骨頂があるのだ。これにちなんで得意なものを「十八番」、「おはこ」などと言うようになった。もっとも最近はあまり使わなくなったが、以前はある人が宴会で得意な歌などを披露すると、「○○さんの十八番が出た」などと言ったものだ。また、日本では四十八という数字もよく使われる。「相撲の四十八手」「なくて七癖、あって四十八癖」。最近、流行《はや》りのAKB48もあるいは阿弥陀の四十八願に由来するのかもしれない。

西方極楽浄土とは

また、『大無量寿経』には阿弥陀如来の浄土である西方《さいほう》極楽浄土の様子が詳しく述べられている。

それによると、安楽国《あんらくこく》（極楽浄土）の大地は金・銀・珊瑚《さんご》・琥珀《こはく》などの七宝《しっぽう》（七つの宝石）からできている。樹木も七宝からなり、ある樹は金の幹に銀の葉や花、果実がなり、ある樹木は銀の幹に金の葉や花、果実が付いている。

そして、無量寿仏（阿弥陀如来）がその下で悟りを開いた菩提樹の高さは四〇〇万里に達し、枝は四方に二〇万里も張っている。その菩提樹は周囲に光明を放ち、枝や葉は微風を受けて音楽を奏でる。すると、その音楽がそのまま説法となる。この説法は極楽浄土以外の諸々の仏国土にも達し、聞くものはことごとく悟りを得る。

地獄・餓鬼・畜生界はなく、季節は年中おだやかで、暑くもなく、寒くもない。人々はみな容姿端麗で優れた性質と能力を持っている。

このような素晴らしい浄土の光景を述べた上で、欲望や嫉妬が渦巻く醜い娑婆《しゃば》世界（現実の世界）に言及し、そのような穢れた世界を離れて早く浄土に往生することを希求すべきであると説く。

ここで説かれた「厭離穢土《えんりえど》、欣《ごん》求浄土《ぐじょうど》（穢れた世界を離れて、浄土を希求する）」が、後の浄土教のスローガンになり、浄土信仰を力強く発展させたのである。

密教とは何か？

呪文や呪術を体系的にまとめる

釈迦は性善説《せいぜんせつ》の立場に立って、人間は正しい生活、人生を送ることによって必ず善なる存在になる、簡単にいえば幸せになることを確信した。そのためには戒律を守り、坐禅（瞑想《めいそう》）によって常に心の平静を保つことを勧めた。だから、釈迦は教えの本旨ではない呪術的な要素を一切排除した。

しかし、仏教が広まる過程で、古くから民衆のあいだで行われていた呪文や呪術の類を徐々に取り入れるようになった。インドには仏教成立以前から、毒蛇除けや病気平癒、災厄除け、護身などの呪文や呪いが広く行われていた。初期の仏教徒はこれらの呪文をまとめたパリッタ（『明護経《みょうごきょう》』）という経典を作り、主に在家の信者のためにこれを唱え、種々の呪術を行っていたという。

パリッタはそれまでインドに散在していた陀羅尼《だらに》（呪文）の類を雑然と収録したものである。このような初期の密教を「雑密《ぞうみつ》」といい、明確な教理を持たなかった。しかし、大乗仏教が普及してくると、これらの雑密が体系的にまとめられていった。

そして、七世紀ごろに『大日経《だいにちきょう》』などの密教聖典が出来上がり、純粋な密教、いわゆる「純密《じゅんみつ》」が成立したのである。一般に密教という場合には、純密を指す。

インドでは古代から毒蛇除けなどのために呪文が唱えられていた。

密教の意味

七世紀に成立した純密では、大日如来を密教の教主《きょうしゅ》として位置付け、その教えは最高深遠で、仏教の最も発達した教えであるとした。

密教の語義は大日如来の秘密の教えという意味で、それ以外の仏教の教えは開かれた教えということで「顕教《けんきょう》」と呼ばれる。

大日如来の言葉である陀羅尼（真言）は通常の智慧では理解することができない。そこで、密教では口に真言を唱え、さまざまな印契《いんげい》（手によるサイン）を組むことによって悟りの世界に入ることができると説く。これが即身成仏で、密教の根本的な教えである。

顕教では悟りに至るまでに非常に長期間の修行と功徳の集積が不可欠である。したがって今生で悟りを開くなどということはできないと考える。これに対して、即身成仏を説く密教では、今生での悟りが可能であると説く。

日本には平安時代のはじめに入唐《にっとう》（中国に行くこと）した天台宗《てんだいしゅう》の開祖最澄《さいちょう》が最初に伝えたが、その翌年帰国した弘法大師空海《くうかい》が膨大な密教経典や密教の仏像、仏具などを伝え、高野山や東寺《とうじ》を拠点に密教を広めた。密教は護摩《ごま》を焚《た》くなど、さまざまな加持祈祷《かじきとう》（まじないの類）を行って、病気平癒《へいゆ》や雨乞《あまご》いなど、人々が直面している危機や困難を解消してくれると考えられていた。そのような現世利益《げんぜりやく》の側面が当時の貴族を中心に歓迎され、平安時代前期には瞬く間に広まった。

密教抜きには語れない日本の仏教

日本では真言宗《しんごん》が密教に基づいて開かれた他、天台宗も大幅に密教を取り入れ、前者の密教を東密《とうみつ》といい、後者のそれを台密《たいみつ》という。そして、日本のほとんどの宗派は多かれ少なかれ密教を取り入れている。日蓮宗や曹洞宗などでも祈祷を行い、陀羅尼（呪文）を唱える。また、浄土宗でも護摩を焚く寺院がある。ただし、浄土真宗だけは密教を排除している。これは開祖の親鸞《しんらん》が呪術的な手段を厳しく戒めたためである。

壮大なスケールで描かれた世界

『大日経』

経文

かくのごとく我れ聞けり。一時《あるとき》、薄伽梵《ばかぼん》は如来の加持《かじ》する広大金剛法界宮《こうだいこんごうほうかいきゅう》に住《じゅう》したもう。一切の持金剛者《じこんごうしゃ》は皆悉《ことごと》く集会す。如来の信解遊戯神変《しんげゆげじんぺん》より生ずる大楼閣宝王《だいろうかくほうおう》は、高くして中辺なし。諸の大妙宝王《だいみょうほうおう》をもって種々に間飾《かんしょく》し、菩薩の身をもって獅子座《しざ》となす。

▼**意訳**

このように私は聞いている。あるとき、（大日）如来は不可思議な力のはたらきを加えて（加持）広大で金剛（ダイヤモンド）のように硬く、絶対に破壊されることのない真理の世界の宮殿に住んでいらした（この宮殿とは如来の絶対的な悟りの智慧をたとえたものである）。すべての金剛杵を手にする者は、みな、残らず集まっていた。その宮殿には財宝の王（最も優れた財宝。すなわち、如来の悟りの智慧）が納められている。その財宝（悟りの智慧）とは如来が悟りに至るまでを確信して修行に励み（信解）、自由自在に超人的な能力を働かす（遊戯神変）ことによって生じた最も価値あるものである。楼閣造の宮殿の高さは無限で、種々の素晴らしい財宝で飾り立てられている。その楼閣の中に大日如来が獅子のようにドッシリと座って教えを説いているのである。

（『密教経典』宮坂宥勝訳注を参照）

『大日経』の標題の意味

正しくは『大毘盧舎那成仏神変《だいびるしゃなじょうぶつしんぺん》加持経《かじきょう》』といい、略して『毘盧舎那経』『大日経《だいにちきょう》』という。大毘盧舎那仏はサンスクリット語のマハー・ヴァイローチャナの音写。マハーは偉大な、ヴァイローチャナは太陽の意味である。これを意訳して大日如来（偉大な太陽のような如来）とした。

ヴァイローチャナは『華厳経《けごんきょう》』の教主で、これもすべての仏・菩薩を統合したような偉大な仏だが（59ページを参照）、それに「マハー」

の文字を冠してさらにパワーアップしたのが大日如来で、毘盧舎那仏が銀河系を守備範囲とするならば、大日如来は宇宙の果ての果てまでを守備範囲とする。つまり、どんなに遠くにいても必ず救いの手を差し伸べてくれるという偉大な仏なのだ。

大日如来が備える二つの側面

密教の教主、大日如来には胎蔵界《たいぞうかい》と金剛《こんごう》界という二つの側面がある。胎蔵界の「胎」は母胎の意味で、母体が優しく赤子を宿すようにわれわれを包み込んでくれる世界で、深い悟りの世界をあらわす。いっぽう、金剛界の「金剛」はダイヤモンドのことで、何物にも破壊されることのない大日如来の智慧を示す。『大日経』で説かれるのは胎蔵界大日如来の世界、金剛界については『金剛頂経』で説かれる。この二つの世界によってはじめて密教の世界観が完成する。そして、その世界観を図示したものが胎蔵界曼荼羅と金剛界曼荼羅の両界《りょうがい》曼荼羅だ。

金剛界大日如来（左）、胎蔵界大日如来（右）

また、「神変」は奇跡の意味、「加持」とは大日如来と合体するという意味だ。つまり、奇跡を起こして衆生（すべての人々）を救い、大日如来の懐に赤子を抱くように優しく包み込んでくれるのである。

『大日経』の構成

『大日経』は七世紀の半ばごろに成立したと考えられ、七二四年に唐にやって来たインド僧・善無《ぜんむ》畏《い》三蔵によって漢訳された。

密教ではその思想（教義）を研修解釈する部分を教相《きょうそう》といい、実践的な修行方法や曼荼羅《まんだら》の作成法、護摩などの加持祈祷の作法の部分を事相《じそう》と呼ぶ。

『大日経』もこの二つの内容で

説かれているが、事相の部分が圧倒的に多い。

教相にあたるのは「入真言門住《にゅうしんごんもんじゅう》心《しん》品」で、大日如来が金剛薩埵《こんごうさった》菩薩を相手に密教の奥義を説き明かしていくという、説き手と聞き手がいる大乗経典のスタイルで構成されている。金剛薩埵菩薩は大日如来の対告者《たいこくしゃ》（聞き手）で、密教では極めて重要な位置を占める。

大日如来は金剛薩埵菩薩に菩提心について語る。一般に大乗仏教では菩提心は「悟りを求める心」という意味である。

また、菩薩は詳しくは菩提薩埵といい、薩埵は衆生の意味で「悟りを求める衆生」ということである。そして、菩提心《ぼだいしん》を起こす（発する）ことを発菩提心といい、これが仏教徒としての出発点になる。

しかし、『大日経』では、「菩提心とはありのままに自己を知ること」と説かれ、その意味が大きく変わってきているのである。自己とはなにか。われわれ一人一人の心はもともと限りなく純粋なのだ。その純粋な心はすでに悟りの境地に達している。しかし、われわれはさまざまな煩悩《ぼんのう》（欲望）に穢されていて、心のありのままの姿を知らない。それを即座に示してくれるのが大日如来の神変（奇跡）だ。大日如来の懐に抱かれてだれもが救われる。

お経の特徴

釈迦ではなく、大日如来が説いた教え

ほとんどの大乗仏典は「仏説」の形をとり、お経の説き手は釈迦という設定になっている（13ページを参照）。そして、聞き手は阿《あ》難《なん》とか舎利弗《しゃりほつ》（舎利子《しゃりし》）といった仏弟子である。いっぽう、本文でも述べたように『大日経』の教主は大日如来、聞き手は金剛薩埵菩薩だ。この点が密教という大乗仏教の新たなステージの根本経典としての『大日経』の大きな特徴である。

大日如来はすべての人々を懐に抱くように包み込み、救ってくれる。

第4章

中国で独特の発展を遂げたお経

道教の祖・老子が釈迦になった？

『老子化胡経』

中国で生まれた伝説

中国に仏教が伝えられたのは紀元一世紀の半ばのことである。以来、古くから信奉されていた儒教《じゅきょう》や道教《どうきょう》とのあいだに軋轢《あつれき》が生じた。三教は互いに批判を繰り返し、自らの教えの正当性を唱えた。中でも道教では「老子化胡《ろうしけこ》説」という奇妙な説を立て、これを喧伝《けんでん》したのである。老子化胡説というのは、次のような話だ。

道教の祖・老子は中国で自説を広めた後、西に向かった。西の外れ玉門関《ぎょくもんかん》の関守が後ろ姿を見て「老子先生」と声をかけたが、老子はわずかに振り向いただけで、無言のまま西に向かって進んでいったという。ちなみに老子は身長が七尺（現在の尺度で約二・四メートル）もあったといい、後ろ姿だけですぐに老子と分かったという。

玉門関の関守が声をかけたが、老子は無言のままインドへ向かったとされる。

はるばるシルクロードを旅した老子はインドに至り、ここで釈迦として生まれ変わって仏教の教えを説いたというのである。つまり、道教を仏教の上に置くことを目的として作られた説である。

禁書の憂き目に遭う

このような説を仏典の体裁を借りて説いた『老子化胡経』は、偽経《ぎきょう》（86ページを参照）の代表である。三世紀ごろに王浮《おうふ》という道士《どうし》（道教の修行者）があらわした。

この書が世間に出るや仏教徒からの批判が相次いだが、唐代（七世紀～一〇世紀はじめ）になるとその批判はますます熾烈《しれつ》になった。中国では仏教を厳しく弾圧した皇帝もいたが、唐代《とうだい》以降は仏教保護の立場をとる皇帝が多く、それらの皇帝は『老子化胡経』をたびたび禁書にした。

そして、六六八年には市中に出回っていたすべての『老子化胡経』を焼却処分にし、続く七〇五年には刊行及び普及を厳重に禁止した。それでも、宋代《そう》（一〇世紀後半）までは一般に流布していたという。しかし、元代《げん》（一三世紀後半）になると完全に禁止されて姿を消したのである。

そういう訳で本書は久しくその存在は知られていたが、現物は散逸したままになっていた。しかし、二〇世紀にフランスの学者ペリオが敦煌《とんこう》の文書を発掘した際に見つかり、この経典が実際に存在したことが明らかになった。そして、たびたび繰り返された仏教と道教の論争を知る上で貴重な資料になっている。

お経の特徴

主人公は道教の祖・老子

偽経はインドで作られたということが大前提になるので、ふつうは釈迦や仏弟子などが主人公になる。たとえば、『仏説盂蘭盆経《ぶっせつうらぼんきょう》』（90ページを参照）の主人公は十大弟子の一人、目連尊者《もくれんそんじゃ》だ。しかし、ここでは道教の祖と仰がれる老子を主人公としている。これがこのお経の最大の特徴ということができるだろう。そして、構成は稚拙ではあるがストーリー性があるというのも特徴の一つだ。

格義仏教

仏教が伝来して間もないころ、中国人は仏教を道教や儒教などの中国古来の思想と同じようなものだと受け止めた。そして、『般若心経』で説く「空」の思想などを道教の思想にあてはめて解釈しようとした。このような立場を「格義《かくぎ》」と呼んだが、釈道安《しゃくどうあん》（三一四～三八五）という学僧が、格義では仏教本来の思想を正確に理解するのは困難であると主張した。これが広く支持されるようになり、以降、仏教本来の姿に立ち返ることになった。

中国で作られた偽経

偽経と真経

由緒のハッキリしないお経のことを疑経《ぎきょう》という。中央アジアなどでも作られたが、特に中国では本当ははじめから中国で作られたものを、インドでサンスクリット語で書かれたお経を漢訳したということにして作成した。これを「偽経《ぎきょう》（偽のお経）」と呼んだ。偽経に対して仏教の正統なお経は「真経《しんきょう》」と呼ばれる。

また、中国や日本の高僧があらわしたお経もたくさんある。たとえば、中国の天台宗のもとを作った天台大師智顗《ちぎ》の『法華文句《ほっけもんぐ》』や『法華玄義《げんぎ》』、弘法大師空海の『三教指帰《さんごうしいき》』や『般若心経秘鍵』などといったお経は偽経ではなく、真経である。

偽経が作成された理由

中国ではすでに四世紀の末に釈道安という学僧が「偽経録」を作り、さらに唐の貞元年間（七八五～八〇五）に作られた「偽経録」には一〇〇〇巻を超える偽経が列挙されている。早くからいかに多くの偽経が作られていたかが分かる。

偽経作成の目的はさまざまだ。たとえば、閻魔《えんま》大王をはじめ、地獄に君臨する一〇人の王の役割などについて説いた『十王経《じゅうおうきょう》』はもともと中国で古くから信じられていた民間信仰を経典の形にまとめたものだ。

インドのお経を漢訳したと偽って、中国で偽経が作られた。

また、儒教や道教の思想を交えて仏典の体裁にしたものも多い。前項でご紹介した『老子化胡経』などは偽経の代表格で、道教の祖である老子が仏教の教えを説いたとすることで、中国古来の道教を仏教よりも優位に置いたのである。

このような偽経は他にも多く作られ、中には人気を博したものも少なくない。日本でよく知られているものには、お盆の起源を説いた『仏説盂蘭盆経《ぶっせつうらぼんきょう》』（90ページを参照）や父母の恩寵に感謝する『仏説父母恩重経《ぶもおんじゅうきょう》』（88ページを参照）なども立派な偽経で、どちらも仏説になぞらえて儒教で重視する「孝《こう》（孝行）」の精神を説いたものだ。

『仏説盂蘭盆経』や『仏説父母恩重経』、『十王経』などは日本でも盛んに読まれ、多くの人々に支持されてきた。とりわけ、『十王経』に基づいて各地に閻魔堂が作られた。閻魔はインドの神話に登場するヤマという神で、地獄の帝王になった。これが中国に伝えられると、死者の生前の行いを裁くとされる一〇人の冥界《めいかい》（死後の世界）の王と融合し、閻魔大王と呼ばれて十王のリーダーとなった。日本で親しまれている閻魔大王の姿は偽経の『十王経』に述べられたものなのだ。

これらの偽経は日本ではインドで作られた真経と同じレベルで扱われ、何の矛盾もなく受け入れられた。そして、『延命地蔵経《えんめいじぞうきょう》』や『不動経』など、日本で作られた偽経もある。

偽経によって遡った仏滅年代

仏滅年代（釈迦が亡くなった年代）には諸説あるが、現在では紀元前5世紀ごろと考えられている。ところが、平安時代には釈迦は紀元前949年に亡くなったという説が信じられていたのである。

中国で『老子化胡経』のような偽経が作られ、道教の祖である老子を釈迦よりも前の人と位置付けた。それに反発した仏教徒が仏滅の時期を老子より前に設定した。すると、今度は道教の側で老子の年代をさらに前に設定する。そんな競争が続いた結果、仏滅年代がグッと遡ってしまったのだ。そして、その年代が日本に伝えられたのである。

命の連鎖を説く経典

『仏説父母恩重経』

経文

(前略)是《こ》のとき仏すなわち法を説いて宣《のたま》わく、一切の善男子《ぜんなんし》、善女人《ぜんにょにん》よ、父に慈恩《じおん》あり、母に悲恩《ひおん》あり。そのゆえは、人の此の世に生るるは、宿業《しゅくごう》を因として父母を縁とせり。父にあらざれば生れず、母にあらざれば育てられず。ここを以《もっ》て気を父の胤《たね》に稟《う》けて形を母の胎に托す。此の因縁を以ての故に、悲母の子を念《おも》うこと世間に比《たと》いあることなく、其《そ》の恩未形に及べり。(後略)

▼**意訳**

(前略)このとき、仏(釈迦)は次のように言った。善男善女よ! 父には慈恩、母には悲恩がある。父母がいたからこそ、人はこの世に生まれてきた。父母がいなければこの世に生を受けることなく、父母がいたからこそ立派に育ててもらうことができたのだ。父母がいたからこそ、立派な身体と精神を授かったのだ。それ故、父母の恩は他に比類なく重いもので、その恩は未来永劫に及ぶのだ。(後略)

親孝行をしなさい

タイトルが示す通り、このお経は父母の恩の重さを説く。そして、育ててくれた父母への恩返しをせよと教えているのである。これは中国で作られた偽経で、儒教の「孝」の思想、つまり親孝行を奨励するために作られたものだ。

まず、釈迦は、人間は父母がいたからこそ生まれてきたのであって、父母がいなければこの世に存在することはなかったと強調する。

そして、父母は幼いころからわが子を愛おしみ、子どもの汚物も汚いと感じることなく平然と処理してくれる。

しかし、子どもが長じて結婚すると親をないがしろにし、夫婦だけの幸せな生活を謳歌《おうか》する。父母はしだいに年老い、寂しさのあまり、子どもに声をかけても顧みられることなく、かえって罵《ののし》られる始末。父母たちは胸を引き裂かれる思いで孤独な生涯を閉じるのだ。

父母をそのような目に遭わせた子どもは、五択《ごじゃく》の罪、すなわち、頭と両手、両足を縄で縛られて五方から引き千切られる刑罰に処せられるだろう。

そのような五択の罪から逃れる方法はただ一つ、この『仏説父母恩重経』を信仰し、これを書写し、読誦《どくじゅ》し、それを人々に説くことである。そうすれば、罪業はたちまちに霧消し、永遠に罪を受けることなく悟りに向かうという。

お経の特徴

現代にも通じる、具体的な教え

『老子化胡経』は老子が釈迦に生まれ変わったという奇想天外なストーリーを展開しているのに対し、このお経は身近な例を具体的に挙げ、世間ではいかに親をないがしろにしている人が多いかを淡々《たんたん》と説いている。このような具体的、現実的な内容がこのお経の最大の特徴ということができるだろう。そして、だれもが身に覚えのある具体例を突きつけることによって、反省を促し、懺悔《ざんげ》させようというのだ。

儒教の思想を広めるために作られたお経

「孝」は儒教思想の中核をなす重要なものである。儒教は治世を説く思想で、その具体的な方法を説いたのが「修身斉家治国《しゅうしんさいかちこく》平天下《へいてんか》」という言葉だ。

すなわち、自らを修めれば（修身）、家が治まり（斉家）、家が治まれば国家が治まる（治国）。そして、国家が治まれば全世界が平和になる（平天下）。これを達成するためには「親に孝」「君に忠」というのが至上命令となる。

『仏説父母恩重経』は釈迦の口を借りてこのような「孝」の思想を広めるために作られたのである。

お盆の起源が分かる

『仏説盂蘭盆経』

経文

かくのごとく聞けり。あるとき、仏、舎衛国祇樹給孤独《しゃえいこくぎじゅぎっこどく》園《おん》にあり。大目犍連《もっけんれん》はじめて六通《もくつう》を得て、乳哺《にゅうほ》の恩に報い、父母を度せんと欲す。即ち道《どう》眼《げん》を以って世間を観視し、その亡き母、餓鬼《がき》中に生まるるを見る。飲食《おんじき》に見《まみ》えず、皮骨《ひこつ》連立す。（後略）

訳文

このように（私は）聞いている。釈迦が祇園精舎にいたとき、目連がはじめて神通力を得た。

そして、自分を育ててくれた亡き母の恩に報いるために、何かできることはないかと思った。そこで、神通力を使って亡き母の様子を探ったところ、餓鬼道に落ちて食べることも飲むこともできず、痩せ衰えて骨と皮だけになって立っている母の姿を見た。（後略）

お盆の由来

日本人にとって、お盆は春秋の彼岸とともに最もポピュラーな国民的仏教行事である。その国民的仏教行事、お盆の起源について説いたのが『仏説盂蘭盆経《ぶっせつうらぼんきょう》』だ。盂蘭盆とはサンスクリット語のウランバナという言葉の音写（サンスクリット語の発音に漢字をあてたもの）である。

そこで正式にはお盆の行事は「盂蘭盆会《え》」といわれるが、略して「盆」、一般には親しみを込めて「お盆」と呼ばれている。

また、ウランバナは「倒懸《とうけん》」とも意訳される。これは逆さ吊りにされるような激しい苦しみのことだという。

お盆の起源になったストーリー

このお経にはお盆の起源について、次のような話が語られている。

釈迦の十大弟子の一人に目犍《もっけん》連《れん》（以下、略して目連）という人がいた。彼は神通力《じんづうりき》に優れていたことから、神通第一と呼ばれていた。つまり、仏弟子の中で神通力に関しては右に出るものがいないということである。

母を早く亡くした目連は、亡き母があの世でどんな暮らしをしているのかが気になり、あるとき、得意の神通力でその様子をうかがってみた。すると、母は餓鬼道《がきどう》に落ちて苦しんでいた。

人間は死んでも地獄、餓鬼、畜《ちく》生《しょう》、修羅《しゅら》、人間《にんげん》、天《てん》の六道《りくどう》（六つの世界）のいずれかに生まれ変わるといわれているが、餓鬼道は地獄に次いで悪い世界で、ここに生まれると四六時中、飢餓に苦しめられる。つまり、逆さ吊りにされたような苦しみを受けるというのである。

神通力によって餓鬼道で苦しむ母の姿を見た目連は、深い悲しみにとらわれた。そして、何とか母を餓鬼道から救い出す手立てはないものかと、釈迦に相談した。

神通力とは？

神通力は修行の結果、得られる超人的な能力のこと。仏教では六神通といって、6種の能力を挙げる。まず、神境通《じんきょうつう》は行きたいところに自由に行くことのできる能力。天眼通《てんげんつう》はいわゆる千《せん》里眼《りがん》。天耳《てんに》通は常人が聞くことができない音声が聞ける能力。他《た》心通《しんつう》は他人の心を読む能力。宿命《しゅくみょう》通は自分や他人の前世を知る能力。漏尽《ろじん》通は煩悩《ぼんのう》（欲望）を取り去って迷いのない境地に至る能力である。

釈迦はこのような神通力を使うと人心を惑わし、本来の仏教の教えとは異なるところに人々の関心が集まり、混乱させるとして、これを使うことを厳しく禁じたという。そのタブーの神通力を十大弟子《じゅうだいでし》が思う存分使うというところに、『仏説盂蘭盆経』の偽経たる由縁がある。

すると、釈迦は「ひとたび餓鬼道に落ちたものを救うのはとても難しいことである。しかし、方法がないわけでもない。それは雨安《うあん》居明《ごあ》けの修行僧たちに飲食《おんじき》を振る舞えば、その無上の功徳によって母は救われるだろう」と言った。

そのように教えられた目連は雨安居明けの僧侶たちにご馳走を振る舞った。僧侶たちは大喜びで食べたり飲んだりし、歌を歌ったり、踊りを踊ったりして楽しんだ。すると、その喜びが餓鬼道に伝わり、目連の母親にも飲食が届いた。そして、再び神通力であの世の様子を見ると、亡き母は救われて幸せな暮らしをしていた。

雨安居というのは、夏の修行期間のことである。インドでは六月から九月の約三ヶ月間は雨季にあたり、毎日のように雨が降る。この期間は僧侶たちも布教の旅などに出られない。そこで、僧院にこもって厳しい修行と勉学に専念するのである。

この雨安居が明けた日、インドでは在家の人たちが僧侶にご馳走を振る舞う習慣があった。長い禁欲生活を終えた後の食事は修行僧たちにとって無上の喜びである。だから、この日に僧侶にご馳走を振る舞うことはこの上ない功徳が

雨安居明けのご馳走を楽しむ修行僧たち。

お経の特徴

日本のお盆の風習の起源が分かる

十大弟子の一人、目連を主人公とし、インドの僧院の雨安居明けの時期という舞台設定になっている。雨安居明けに修行僧たちに飲食を振る舞うと無上の功徳があるといわれ、今でもタイやミャンマーなどでは在家の人たちが雨安居明けの修行僧にご馳走を振る舞う。そんな歴史上行われてきた仏教の習慣を交えることで、臨場感溢れるストーリーになっているのが、この偽経の特徴だ。

あるとされていた。そして、その功徳《くどく》によって目連の母は、餓鬼道から救われたというのである。

この故事にちなみ、修行期間明けの僧侶に飲食を振る舞うと、その功徳によって先祖が救われると考えられるようになり、これがお盆の先祖供養の起源となったといわれているのである。

この経典も目連が亡き母を案じて、救ったというストーリーになっている。したがって、ここにも「孝」の思想を広めようとの意図がうかがえるのだ。

インドにはお盆がない?!

ちょっと意外かもしれないが、お盆という行事はインドにはない。

中国では仏教が伝えられる以前から先祖供養の行事が行われていた。これを仏教にあてはめて説いたのが『仏説盂蘭盆経』なのだ。

これが日本に伝えられると、日本で古くから盛んだった先祖供養と融合して独自の発展を遂げたのである。迎え火を焚いて聖霊《しょうろう》さま（先祖の霊）を迎え、お坊さんが来てお経を読んだり、ご馳走を作って先祖をもてなす。それが終われば送り火を焚いて霊界に帰っていただく。

このようなお盆の行事は日本の古くからの習俗と結合して独自に形づくられたものなのである。

日本のお盆はなぜ7月と8月の二回に分かれているのか？

現在、日本の盂蘭盆会は東京を中心とする関東では７月13日から16日まで、それ以外の地方では８月13日から16日までというのが一般的だ。盂蘭盆会は奈良時代にはじめられたというが、古くは旧暦の７月15日を中心に行われてきた。しかし、明治になって太陽暦が採用されると、新暦の７月はまだ農作業が残っている。農村地帯ではこの時期に休むことができない。そこで、一ヶ月遅らせて旧暦の７月に近い時期に行うようになった。そして、農作業に関係のない都市部では新暦の７月に行ったのだ。ただ、関西から九州にかけては、都市部でも旧暦に近い時期と定めたのである。

天台宗の根幹となる理論書

『法華玄義』

経文

教相《きょうそう》を三と為す。一に根性《こんじょう》の融《ゆう》・不融《ふにゅう》の相、二に化道《けどう》の始終《しじゅう》・不《ふ》始終の相、三に子弟の遠近《おんこん》・不遠近の相なり。

意訳

「教相」とは膨大な数の仏典を釈迦が一生涯のうちに説いたものとして、形式や説かれた順序、意味内容などを吟味してそれぞれの経典の価値を決め、仏(釈迦)の真意がどこにあるかを明かすことである。『法華経』以前には、未だ衆生(すべての人々)の根性(宗教的能力)が未熟だったので(根性が不融)、さまざまな方法を駆使して説いた。しかし、衆生が成熟したので(根性の融)、『法華経』のみで理解するようになった。また、『法華経』以前の経典は弟子の能力に応じて教えを説き、その教えがどのような価値があるかを位置付けしない。これを不始終の相という。『法華経』は最終的な最高の教え(始終の相)である。さらに『法華経』以前には仏弟子は釈迦が悟りを開いた後に弟子になったとされた(子弟の不遠近)。しかし、『法華経』以降は釈迦と弟子の関係は遠い昔に結ばれている(子弟の遠近)。

天台宗独自の思想

中国で天台宗の基盤を作った天台大師智顗《ちぎ》(五三八～五九七)の主著である。

智顗は『法華経』を根本経典として天台宗の教理を確立した。『法華玄義』というタイトルは、『法華経』の深遠な思想の趣旨というほどの意味である。

『法華玄義』では「三諦円融《さんたいえんゆう》」という天台独自の思想が述べられる。諦とは真理のことであるが、仏教ではわれわれが現実の世界の中で経験する世俗的な立場である俗諦と仏の悟りの立場である真諦の二つの真理（二諦）を立てる。これに対して、空《くう》・仮《け》・中《ちゅう》の三つの真理（三諦）を立てたところに智顗の独自性がある。

「空」というのは、世の中のすべての存在現象には実体がないものであるとする立場。すなわち、われわれはその実体のない空虚なものを、あたかも実在するもののようにとらえているというのである。実体のないものにとらわれるということは、砂漠で蜃気楼《しんきろう》を追うようなものだ。とらえることができないで、しまいには深い悲しみや苦しみを受ける。

これは『般若心経』などで説く空と同じ意味で、二諦のうちの真諦にあたる。

すべてのものは移り変わる

次に「仮」とは、世の中のすべての存在現象は縁起《えんぎ》（因果関係）によって仮に成り立っているということである。つまり、われわれが認識しているあらゆるものの実体は空なのであるが、それが縁起によって仮に存在しているということだ。たとえば、われわれは美しい花を愛でているが、その花は間もなく枯れて生滅する。こちらは二諦の俗諦にあたる。

世の中のすべての存在を成り立たせる五つの構成要素のことを「五蘊《ごうん》」という。そして、その五蘊が仮に集まって存在を成り立たせ

天台大師智顗とは何者か？

智顗（538 ～ 597）は天台宗の開祖。18歳で出家して各地で修行し、大蘇山《だいそさん》というところで慧思《えし》から「法華三昧《ざんまい》」という独特の瞑想法を授かるとともに、『法華経』を中心にさまざまな経典の研究に励んだ。そして、『法華経』を中心に大乗の種々の教えを融合した天台宗の教理を確立したのだ。

平安時代の初期に入唐した伝《でん》教《きょう》大《だい》師《し》最《さい》澄《ちょう》は、智顗の教えを伝えて比叡山《ひえいざん》を拠点に日本天台宗を開いた。

ている。このことを「五蘊仮和合《けわごう》」という。仮に集まっているものは、次の瞬間には消滅するので、そんなものにとらわれるのは愚かなことだ。だから『般若心経』では「五蘊皆空《かいくう》」といっているのだ（62ページを参照）。

どちらにも偏らない

そして、最後に「中」とは、「空」にも「仮」にもとらわれない立場をあらわす。われわれの現実は仮の中にあるから、真理である空を追い求めれば現実の生活、人生は空虚である。となれば、修行も所詮は現実の仮の世界でするのであるから、空虚で無意味なことになる。つまり、仮を否定してしまえば、空も成り立たず、悟りを求めることもできないということになる。そこで、どちらにも偏らない中間の立場である「中」が重視されるのである。

この「中」は、釈迦が重視した「中道《ちゅうどう》」のことで、両極に寄らない、起点を設けないということだ。王子時代の釈迦は享楽に満ちた生活をしていたが、二九歳で出家してから六年間、死に至るような厳しい修行をした。それでも、悟りを開くことができなかった釈迦は、苦行《くぎょう》を捨てた。そして、菩提樹の下に行って静かに瞑想《めいそう》した。つまり、享楽に満ちた生活と苦行という両極端から離れて、中道をとったのである。その結果、ついに悟りを開くことができたのだ。

お経の特徴

天台宗の理論を支える経典

『法華経』は二八品（二八章）からなるが、一つ一つの章は独立性が高く、全章を通じて一貫したストーリーがあるわけではなく、「観音経」のように独立して読まれ、信仰されているものもある（56ページを参照）。『法華玄義』は智顗がそんな『法華経』を統一的にとらえ、その奥義を解釈したところに特徴がある。このお経はその後の『法華経』の解釈に極めて大きな影響を与えた。

悟りは日常生活の中にある

中道は仏教思想の中核を成すものである。しかし、前述したようにそれまでの教理では真俗《しんぞく》の二諦を立て、中道（中）は独立した諦（真理）ではなかった。これに対して中道を独立して一つの諦（真理）としたところに智顗の独自性が認められるのである。

「三諦円融」とは、空・仮・中の三諦がそれぞれ独立したものではなく、融合して一体となっているということ。これは「煩悩即菩提《ぼんのうそくぼだい》、菩提即煩悩」、あるいは『般若心経』でいう「色即是空《しきそくぜくう》、空即是色《くうそくぜしき》」というのと同様の意味である。つまり、煩悩（欲望）にとらわれた迷いの世界（現実の世界。俗界）の中に涅槃《ねはん》（悟りの境地）がある。このことに気づけば、だれもが日常の中に悟りの境地を見出すことができるというのだ。

このように、智顗の教説は極めて形而上学的《けいじじょうがく》な難解なものであるが、この『法華玄義』の思想に基づいて天台宗の理論が大成された。そして、この教義は後に、伝教大師《でんぎょうだいし》最澄《さいちょう》（七六六～八二二）に受け継がれ、日本の仏教にも多大な影響を与えたのである。

智顗には『法華玄義』の他に、『法華文句《ほっけもんぐ》』『摩訶止観《まかしかん》』があり、この三部作で『法華経』の全貌《ぜんぼう》を余すところなく述べている。三部作のうち、『法華文句』は『法華経』の用語の解釈。『法華玄義』はその理論を述べたもの。そして、『摩訶止観』は実践編である。

智顗が授かった「法華三昧」とは？

今でも「○○三昧」という言葉はよく使われるが、実は「三昧」とは瞑想すること。法華三昧行は小さなお堂の中に釈迦如来像を安置し、その周囲を読経しながら終日、右回りに回る修行だ。この行を何日も実践するうちに、『法華経』の奥義を体得し、悟りの智慧が得られるという。この行は智顗の師匠の慧思、そのまた師匠である慧文という人がはじめたという。それを智顗が授かって『摩訶止観』の中で明らかにした。

さらに智顗は「南無阿弥陀仏」の念仏を唱えながら阿弥陀如来の周りを回る常行《じょうぎょう》三昧行という行をはじめた。今も比叡山《ひえいざん》には法華堂と常行堂があり、比叡山の高僧になるためには二つの修行が必須である。

禅宗は中国で成立した

坐禅を広めた達磨大師

禅の開祖は達磨大師《だるまだいし》（菩提《ぼだい》達磨）ということになっている。達磨については謎が多いが、六世紀の人で、言い伝えではインドで生まれて、出家してインド各地を巡って修行し、釈迦が生まれたルンビニや悟りを開いたブッダガヤ、亡くなったクシナガラなどの聖跡を巡ったという。

そして、ブッダガヤに行ったときにハタと閃《ひらめ》いた。ブッダガヤはブッダの町（ガヤ）という意味で、今も釈迦がその木の下で悟りを開いたという菩提樹の木があり、その下には石の台座が置かれている。それを見た達磨は、釈迦が苦行など他の修行を捨てて瞑想（坐禅）によって悟りを開いたということを強く心に刻んだという。

以降、達磨は釈迦にならって他の修行を捨て、もっぱら坐禅に専念した。そして、インド各地で禅を伝えた後、海路、中国にやって来た。中国の南部に上陸した達磨は各地で禅を伝え、嵩山少林寺《すうざんしょうりんじ》で面壁《めんぺき》九年の修行をしたという。つまり、壁に向かって九年間（一説に五二〇年から五二八年のあいだ）、坐禅をし続けたという。それから中国各地を巡って禅を広めたと伝えられている。

中国南部を中心に発展

少林寺では慧可《えか》という人がはじめて達磨に弟子入りし、その後、禅が次々と伝えられるようになった。そして、達磨から六代目に慧能《えのう》という人が禅を継ぎ、中国での基礎が出来上がった。

その後、禅は中国の風土に着々と根づき、八世紀の末には百丈懐海《ひゃくじょうえかい》（七二〇～八一四）という人が、百丈山に寺を開いた。懐海は清規《しんぎ》（禅宗寺院の規律）を定め、ここにはじめて禅を専門に修行する宗派、すなわち禅宗が誕生し、百丈寺という禅宗寺院が創建されたのである。

この百丈山からは数々の逸材が輩出され、黄檗宗《おうばくしゅう》や臨済《りんざい》宗、曹洞《そうとう》宗などの流派ができた。以来、中国では特に南部を中心に禅宗が盛んになった。中国の北部の人々は論理的思考の傾向が強く、論理を否定する禅は受け入れ難かった。しかし、南部の人たちはそのような禅を歓迎したのである。

このようにして中国で盛んになった禅が鎌倉時代のはじめに日本に伝えられ、日本でも大いに発展した。日本にははじめに栄西《えいさい》が臨済宗を伝え、続いて栄西の弟子の道元《どうげん》が曹洞宗を伝えた。そして、江戸時代になって黄檗宗が伝えられた。日本ではこれら三宗派を禅宗というが、禅は仏教ばかりでなく、日本文化全般に強い影響を与えた。

決死の覚悟で入門した慧可

禅宗の第二祖となった慧可は少林寺を訪ねて達磨に入門の許しを願い出た。しかし、子弟の信頼関係を重んじる達磨はなかなか許しを出さなかったという。雨の日も雪の日も日照りのときも、慧可は達磨の背後に立ち尽くして許しを請うた。そして、最後に決意を示すために、自分の左腕を切り落とした。さすがの達磨も入門を許したという。

この光景を描いた「慧可断臂《だんぴ》の図」という絵画があり、人気を集めてきた。

慧可（左）と達磨（右）。

禅寺の規則

『百丈清規』

禅宗専用の寺院を開いた百丈懐海

「百丈」とはこの書を書いた百丈懐海という中国の禅僧の名。百丈懐海以前の禅宗は特定の寺院を持たなかったが、懐海が百丈山に百丈寺という寺院を開いた。これが最初の禅宗専用の寺院になったという。

『百丈清規』はこの百丈寺で生活する僧侶の規律を懐海が定めたものである。すでに釈迦の時代から仏教教団には戒律という僧侶の規律があった。

中国に仏教が伝えられると、律《りっ》宗《しゅう》をはじめとする天台宗や法相宗《ほっそうしゅう》などの仏教各派はインドの戒律《かいりつ》を受け継いだ。しかし、禅宗だけは少し事情が違ったのだ。中国に仏教が伝えられたのは一世紀の半ばで、その後六、七世紀には主要な宗派が成立した。

ところが、禅宗はインドの達磨大師が六世紀に中国にやって来て伝えたといわれ、前述したように宗派が形成されたのは八世紀になってからである。禅宗が宗派としての形態を整えて寺院を建立しようとしたときには、長安《ちょうあん》などの都市部には、すでに既成の宗派の大寺院が甍《いらか》を並べる状態で、新参者の禅宗が寺院を建てる余地がなかった。そのため、禅宗寺院は山の中に建てられることになった。

仏教の僧院《そういん》は、釈迦の時代から都市周辺に建てられることを原則としていた。それは仏教がもともと革新的な都市部の知識層のあいだで受け入れられたことと、教団が日々の食事を托鉢《たくはつ》に頼ったこと

禅宗の規範を作った百丈懐海。

などによる。
ところが、山の中では、托鉢に行くこともできない。そこで、それまでの仏教の戒律を大きく改変して、独自の規律を作ることになったのである。その最初のものが『百丈清規』である。

「一日作さざれば、一日食うべからず」

その内容としては、禅宗寺院での法要の在り方や達磨大師をはじめとする歴代祖師の供養の仕方、修行僧の守るべき規則などが述べられている。中でも最もよく知られているのが「一日作《な》さざれば、一日食《くら》うべからず」という言葉である。これは禅宗寺院での自給自足の原則を表明したものである。

仏教では釈迦以来、食事などは托鉢に頼るのが大原則だ。日常生活に必要な雑務は、在家の信者の寄進や奉仕に頼るというのが仏教の基本的なスタンスだった。

ところが禅宗寺院は山の中に建てられたため、托鉢することは不可能である。だから、田畑を耕して野菜や米を作り、自分たちで育てた作物で食事を作らなければならない。その他、薪割《まきわり》や水汲《みずく》みなど、日常の労働をこなさなければ修行生活をすることはできない。「一日作さざれば、一日食うべからず」とは、一日、働いたものが、その働きに見合う一日分の食事をとることができるということだ。言い換えれば、一日、働かなかったものは、一日分の食事をとるなということである。

百丈懐海は、このような労働を「作務《さむ》」と名づけて重要視した。時代の趨勢《すうせい》でたまたま山中に寺院を建てることになった禅宗は、それまでの戒律で禁じられていた労働を認めることになったのである。

ちなみに、作務衣《さむえ》というのは、もともと禅宗の修行僧が作務のときに着る衣のことである。

『百丈清規』は後の禅宗の規範となったが、懐海が作った原本は宋《そう》代（一〇世紀後半）には散逸し、元《げん》代（一三世紀）に皇帝の勅によって改修されたものが現在伝えられている。懐海の作った元のものを「古清規」といい、現代に伝えられているものを「勅修《ちょくしゅう》百丈清規」と呼んでいる。

絵解きで悟りに導く

『十牛図』

禅の境地を絵であらわす

もともと禅の境地は言葉であらわすことができないという。これを禅では「不立文字《ふりゅうもんじ》」とか「教外別《きょうげべつ》伝《でん》」などという言葉で表現している。元来、禅は文字を用いても分からないから、文字に頼らない（不立文字）のであり、経典が説いている以外の、つまり、その行間に真の意味がある（教外別伝）という立場である。

そして、それを体得するのは子弟の心のやり取りで、これを「以《い》心伝心《しんでんしん》」といっているのだ。

そんな禅の境地を一〇枚の絵であらわしたものが『十牛図《じゅうぎゅうず》』で、悟りの境地を牛にたとえ、一人の旅人がその牛（悟り）を尋ね求めるというストーリーを絵であらわしている。つまり、悟りを求める禅の修行者が悟りに至り、さらに悟りを得てからどうすればよいのかを示しているのである。

一〇枚の絵は「尋牛《じんぎゅう》」「見跡《けんせき》」「見《けん》

『十牛図』

1「尋牛」

2「見跡」

3「見牛」

4「得牛」

5「牧牛」

6「騎牛帰家」

牛《ぎゅう》」「得牛《とくぎゅう》」「牧牛《ぼくぎゅう》」「騎牛帰家《きぎゅうきけ》」「忘牛《ぼうぎゅう》存人《そんにん》」「人牛倶忘《じんぎゅうくぼう》」「返本還源《へんぽんげんげん》」「入鄽《にってん》垂手《すいしゅ》」である。

悟りの境地を牛にたとえる

第一の「尋牛」は、旅人が牛を尋ね歩く場面。つまり、修行者が悟りの境地を求めるところである。

第二の「見跡」は、旅人が牛の足跡を発見したところ。修行者が、悟りの境地は心の中にあると理解したことをあらわしている。

第三の「見牛」は、その牛を自分の目で見る場面。参禅して悟りの境地に近づいたところである。

第四の「得牛」は、牛を捕まえたところ。すなわち、瞑想が深まって悟りの境地に達した場面だ。

7「忘牛存人」

9「返本還源」

8「人牛倶忘」

10「入鄽垂手」

「観想十牛図」 発案：横山紘一　制作：増野充洋

第五の「牧牛」は、捕まえた牛を手なずけるところ。つまり、到達した悟りの境地がさらに深まって行くことをあらわす。

第六の「騎牛帰家」は、件《くだん》の旅人が捕まえた牛に乗って家に帰るところ。悟りの境地を完全に自分のものにしたことを示す。

第七の「忘牛存人」は、捕まえた牛がいることを忘れてしまうほど、牛ととけあった状態。つまり、自分が悟りの境地に入ったことも忘れてしまっているのだ。

しかし、「忘牛存人」では、まだ牛を忘れる主体としての人がいて、忘れる客体としての牛の存在が前提となっている。このように、主客が存在するうちは、未だ完全な悟りの境地とはいえないのである。

そこで、第八の「人牛倶忘」は主客を完全に超越した、「空」の境地に入ったことをあらわす。ここに至って、悟りは完成するのである。第八図は空の境地をあらわすために、一つの円だけで表現されている。禅僧がよく書く「円相《えんそう》」である。

第九の「返本還源」は、空の絶対的な静寂の状態をあらわしたもので、梅の花が咲く静かな光景が描かれている。

そして、最後の第十図は、悟りの境地に安住することなく、世の中に出て人々のために働く様子を描いている。つまり、釈迦が悟りを開いた後、四五年間にわたってインド各地を巡歴して教えを説き、人々を救ったように禅の修行者は悟りの境地に達した後も世のため、人のために働かなければならないということを示したものだ。

『十牛図』は南宋《なんそう》（一二世紀～一三世紀）の廓庵《かくあん》という禅僧が考案して、自ら序を書いている。難解な漢文で綴《つづ》られた禅籍《ぜんせき》（禅の経典）の中では極めてユニークなもので、当時としては画期的なものだった。

お経の特徴

禅の境地を表現した画期的な絵解き

文字ではなく、絵で表現したところが最大の特徴である。悟りの境地は言葉ではあらわすことができない。そこで、特に禅では不立文字といって、言語に頼らずに悟りを求めようとするのだ。『十牛図』はそんな禅の境地を体得するために考案された画期的な絵解きで、最もユニークなお経ということができる。

円相

本文でも述べた通り、『十牛図』の第八図はただ円だけを書いたもので、何ごとにもとらわれることのない空（悟り）の境地をあらわしているという。これにならって円だけを一筆で書いたものを「円相」といい、「円相図」「一円相」などと呼ばれ、禅では絵画の一種として好まれる。

また、円の形はそのときの心身の状態によって異なることから、「円窓」と書き、「自分の心を映す窓」という意味で用いられることもある。

禅の入門書

『無門関』

経文

趙州《じょうしゅう》和尚、因《ちな》みに僧問う、「狗子《くし》に還って仏性《ぶっしょう》有りや」州云く、「無」。無門曰《いわ》く、「参禅は須《すべか》らく祖師《そし》の関を透るべし。妙悟《みょうご》は心路《しんろ》を窮めて絶せんことを要す。祖関透らず、心路絶せずんば、尽《ことごと》く是れ依草附木《えそうふぼく》の精霊ならん（後略）」

▼意訳

ある僧が趙州和尚に「犬（狗子）にも仏になる可能性（仏性）が有りますか？」と尋ねた。

趙州和尚は「無」と言った。参禅修行をしようと思うなら、何はさておき祖師たちが設けた禅の関門を通らなければならない。高い悟りの境地に至るには一度、徹底して「無」の境地になることが必要である。「無」とは「有る」とか「無い」とかの常識的な判断を超越した境地である。祖師たちの関門も通らず、「無」に帰することができないような者は、すべて草木に依りつく精霊のようなものだ。

人の霊は中有《ちゅうう》（中陰《ちゅういん》）のあいだ（亡くなってから四九日間）、次元の低い聖霊となって草木に依りついて過ごすと考えられている。禅の関門も通らず、「無」に帰することもできない者は、そんな次元の低い存在である、という意味である。（後略）

四八の公案とその解説をまとめたもの

『無門関《むもんかん》』とは、宋代の臨済宗の禅僧・無門慧開《むもんえかい》（一一八三〜一二六〇）が古くから有名な公案《こうあん》を選び、それに註釈と論評を加えたもの。紹定《しょうてい》元年（一二二八）、無門が四五歳のときに温州《おんしゅう》の竜翔寺《りゅうしょうじ》という寺で弟子たちに説いた四八の公案を編集したものである。

公案とは優れた禅僧の言動を記して参禅者に示し、禅とは何か、悟りとは何かを考える手がかりにするもので、この公案を糸口としていわゆる禅問答が行われる。次に本書に収録された公案のほんの一例をご紹介しておく。

香厳智閑《きょうげんちかん》という人の公案に「香《きょう》厳上樹《げんじょうじゅ》」という有名なものがある。ある人が高い木の上で口だけでぶら下がって手はまったく枝をつかんでいないとき、他の人が「達磨大師はなぜ中国にやって来て禅を伝えたのですか?」と尋ねたとする。答えれば木から落ちて命を失うかもしれないし、答えなければせっかく質問してくれた人の意思に背くことになる。そのような絶体絶命の危機に陥ったとき、お前たちはどうするか、と弟子たちに尋ねた。

　このように問われると、ふつうはどちらを選ぶかを必死に考える。しかし、ここでは究極の二者択一を迫るものではない。どちらかを選ぶということは、どちらかに執着することで、これは禅の精神に反する。一瞬一瞬を全身全霊をかたむけて過ごせということが禅の教えなのだ。

　今は口で木にぶら下がっている。だから、問いに答えれば落下して死ぬとか、答えなければ面目が立たないなどということは考えないで、兎にも角にもぶら下がっていることに専念せよということだ。そして、それに専念すればおのずから答えが見えてくるということを比喩的に表現しているのである。

　仕事が嫌だといっていてもはじまらない。まずはその状況に身を置いて、与えられた仕事に専念するうちに、おのずから道が開けてくる。この公案はおおむねそのようなことを説いているのだ。

お経の特徴

分かりやすい公案集

　公案を収録した有名なものに、先に成立した『景徳伝燈録《けいとくでんとうろく》』や『碧《へき》巌録《がんろく》』などがある。『景徳伝燈録』にはインド、中国の一七〇一人の高僧の言行が収録されているが、『碧巌録』はその中から最も重要な一〇〇の公案を選んで解説を加えたものだ。そして、『無門関』は四八の公案を選び、解説を加えている。本書は他の公案集よりも平易で、古来、禅の入門書的な役割を果たしている。

日本の浄土信仰の基礎

『観経疏』

経文

よく修趣《しゅうしゅ》のものをして、かならず教行《きょうぎょう》の縁因《えんいん》によりて、願に乗じて往生してかの無為《むい》の法楽を証せむ。すでにかの国に生じんれば、さらに畏るるところなし。長時に行を起して、果、菩提《ぼだい》を極む。法身常住《ほっしんじょうじゅう》なること、たとえば虚空のごとし。

▼意訳

よく仏道に進んで修行しているものは、仏の教えと修行によって往生し、最高の悟りの境地に至ることができる。その境地に至れば畏れるものなど何一つない。修行を続けて長きにわたって最高の悟りの境地を極める。悟りの境地が不動であることは、広大無辺の虚空のようなものである。

極楽浄土の世界を詳しく説明

インドでは早くから、死んだら阿弥陀如来《あみだにょらい》の浄土に行こうという極楽往生の信仰が盛んであった。そのような信仰の根本経典として作られたのが『仏説阿弥陀経《ぶっせつあみだきょう》』『無量寿経《むりょうじゅきょう》』『観《かん》無量寿経』のいわゆる「浄土三部経」である。中でも『観無量寿経』は、極楽浄土の様子をありありと描写したことで知られ、多くの高僧がこれに註釈を書いている。

中国の浄土信仰は曇鸞《どんらん》（四七六〜五四二）、道綽《どうしゃく》（五六二〜六四五）

の二人によって基礎が固められ、善導《ぜんどう》（六一三〜六八一）が独自の教理を大成した。

『観経疏《かんぎょうしょ》』は善導の『観無量寿経』に対する註釈で、「玄義分《げんぎぶん》」「序分《じょぶん》義《ぎ》」「定善義《ていぜんぎ》」「散善義《さんぜんぎ》」の四帖（四編）からなっているので、『四帖疏《しじょうしょ》』とも呼ばれている。

この書の冒頭で善導は、釈迦が亡くなってから二〇〇〇年後に到来するという末法《まっぽう》の世では、阿弥陀如来の救済に頼るしか衆生が救われる道はないと宣言する。そして、雑念を払って厳しい修行に専念する「定善《じょうぜん》」の修行は、末法の世の人々にはとうてい不可能である。だから、雑念を持ったままでも善行を行うことのできる「散善《さんぜん》」の修行こそが、この末法の世の衆生にもできる唯一の修行である。仏はまさにその散善の修行を説いたのだと強調する。

そして、阿弥陀如来が衆生を救うという本願《ほんがん》（最も重要な誓願）はすでに確定しているのだが、その救済に与《あずか》るために、われわれは安心《あんじん》（信）を起こし、起行《きぎょう》（決断）し、作業《さごう》（行い。すなわち念仏）をしなければならない。つまり、阿弥陀如来の本願を全面的に信頼し、腹を決めて「南無阿弥陀仏」と唱えることが何よりも大切であると説くのである。

阿弥陀如来を心から信じ、念仏を唱えるものは救われる。

その上で阿弥陀如来と釈迦如来の二仏は、すべての衆生を救うために浄土の門を全開にして待っている。そのような二仏の計らいに応えるためにも極楽往生を願うべきであると説くのだ。

釈迦と阿弥陀の言葉を信じた人が救われる

また、「散善義」の中で善導は「二河白道《にがびゃくどう》」という比喩をもって衆生が浄土に救われるための心構えを説いた。

われわれが住む娑婆世界《しゃば》（此岸《しがん》）から阿弥陀如来のいる極楽浄土（彼岸《ひがん》）に向かって一本の白く細い道（白道）が続いている。白道の片方に激流の渦巻く河が流れ、もう一方には火の河が広がっている。その道に差し掛かった旅人に、彼岸からは阿弥陀如来が「早くこちらに来なさい」と誘い、此岸では釈迦如来が「早く白道をわたって向こうに行きなさい」と促す。

そして、此岸では人々が「そんな危険な道をわたれる訳がないからやめろ」と、盛んに警告を発する。そこで多くの旅人は大いに迷うのであるが、釈迦と阿弥陀の言葉を信じたものは、無事に白道をわたって彼岸に至ることができるという。

ここで、水や火の海は人間の煩悩をあらわし、白道は仏道（仏の教えに従う正しい道）をあらわしている。つまり、阿弥陀の本願を信じ、起行（決断）して、作業（実行）すれば、必ず救われるということを比喩的に説いたものである。

日本の祖師たちに与えた影響

この記述に基づいて「二河白道図」という画像が作られ、日本でも浄土信仰の隆盛にともなって普及した。時宗《じしゅう》の祖一遍《いっぺん》は長野の善光寺《ぜんこうじ》に参詣した際、この二河白道図を拝して感動し、末法の世では浄土信仰に頼るしかないと確信したという。

お経の特徴　極楽浄土への道を示す

浄土教の根本経典の一つである『観無量寿経』は、多くの高僧が注釈書を書いているが、それまでの解釈を一新したのが、この『観経疏』である。四巻から構成されているため、『観経四帖疏《しじょうしょ》』とも呼ばれる。

この書は、法然や親鸞が着目したことでも知られ、日本の浄土思想を形成する上で多大な影響を与えた。


善導の『観経疏』は後の浄土信仰の発展に多大な影響を与えた。浄土宗の祖法然は若くして比叡山に登り、『一切経《いっさいきょう》』（16ページを参照）を五回も読破したが、求める

釈迦と阿弥陀の言葉を信じたものは、無事に白道をわたって彼岸に至れることを比喩的にあらわした「二河白道図」。

道には出会わなかったという。しかし、『観経疏』を読んで共感し、念仏の道を選び、浄土宗を開いた。

善導は「私はここに『観無量寿経』の意義を明らかにし、古今の学僧の説を改訂是正した。故にこの書を書写するものは一字一句たりとも加減してはならない」と述べて『観経疏』を結んでいる。そこには善導の浄土信仰に対する強い確信と、それを広めようとする並々ならぬ決意が示されているのである。

玄奘三蔵のインド旅行記

『大唐西域記』

経文

屈支国《くつしこく》は東西千余里、南北六百余里ある。国の大都城は周囲十七、八里ある。穈《きび》・麦に適し、粳稲《うるちのいね》を産し葡萄・石榴《ざくろ》を出し、梨・カラナシ・桃・杏が多い。（中略）気候はおだやかで風俗はすなおである。文字は則を印度にとり、少しく改変している。（後略）

（「東洋文庫」版『大唐西域記《だいとうさいいきき》』より）

▼解説

屈支国は中央アジアにあった小国で、玄奘よりも前、五世紀のはじめに中国に来て膨大な数の経典を訳した大翻訳家、鳩摩羅什はこの国の出身。国の広さや産物、気候、民族性、文化など、さまざまなところを観察して克明に記録していることが分かる。

当時のインドの風俗が分かる貴重な書

三蔵法師でお馴染みの玄奘三蔵《げんじょうさんぞう》（18ページを参照）のインド西域の旅行記である。玄奘三蔵（六〇〇～六六四）は中国河南省に生まれ、若くして出家した。生来、聡明で勉学熱心な玄奘は間もなく、当時、中国にあった経典をすべて読破した。しかし、これに満足しなかった玄奘はさらに仏教の奥義を極めようとして渡印を志す。

当時の中国では西方からの異民族の侵入を厳重に警戒して、人々の出入国を禁止していた。しかし、玄奘の渡印の決意は固く、六二七年、玄奘二七歳のとき、ついに国法を犯して長安を出発し、インド求法《ぐほう》の旅に上った。

お経の特徴

皇帝の命令で書かれた報告書

これは単なる個人的な旅行記ではなく、皇帝の命令でインドや西域の詳細な情報を盛り込んだ報告書。当時、中央アジア（西域）には大小の多くの国があり、唐としてはそれらの国々の情勢を分析する必要があった。それに応える形で著されたのが本書であり、そこには政治的、軍事戦略的意図があったのだ。だから、各国の情勢や城郭の様子などについて克明に記されているのだ。

以降、シルクロードを経て苦難の旅の末にインドに到着した。玄奘は、当時のインドで最も仏教研究が盛んだったナーランダー大学で、シーラバドラという高僧について大乗仏教を学んだ。

また、十数年に及ぶインド滞在中に各地の仏跡や僧院を巡り、膨大な数の経典を収集した。帰途は再びシルクロードを経由して数々の困難に遭ったが、六四五年に無事、長安に帰った。足掛け一七年に及ぶ長旅だった。

この書には当時のインド西域の地理や風俗などが克明に記されており、地誌としての価値も高く、当時のこれらの地域の現状を知る上で貴重な資料になっている。

『西遊記』誕生

孫悟空《そんごくう》や沙悟浄《さごじょう》、猪八戒《ちょはっかい》が活躍する『西遊記《さいゆうき》』は『大唐西域記』をもとに書かれた小説である。玄奘が実際に旅をしたのは七世紀前半のことだが、この小説はそれから数百年経った宋代（一〇世紀～一三世紀）にその原型が成立したと見られている。その原型となったのは『大唐三蔵取経詩話』という説話で、これに永年にわたって手が加えられて現在の『西遊記』が出来上がったと考えられている。

密教の秘法

『大日経疏』

真言宗の根本経典

「疏」とは「詳しい解釈」のこと。書名があらわす通り、密教の奥義を説いた『大日経』（80ページを参照）に対する注釈書である。

中国の密教はインド人僧侶の善無畏《ぜんむい》三蔵（六三七～七三五）が中国にやって来て『大日経』を翻訳したことにはじまる。

このとき、弟子の中国人僧侶、一行《いちぎょう》（六八三～七二七）が筆録を担当したが、一行はその翻訳をもとにして注釈書をあらわした。これが『大日経疏《だいにちきょうしょ》』で、正しくは『大毘盧舎《だいびるしゃ》那成仏経疏《なじょうぶつきょうしょ》』といい、真言宗では根本経典として重視されている。

また、一行とともに善無畏の弟子だった智儼《ちごん》は後に『大日経疏』に加筆、修正を加えて『大日経義釈《ぎしゃく》』をあらわしている。こちらは天台密教で用いられている。

その内容は前後半に分かれる。前半は「口《く》の疏」と呼ばれ、密教の教理を詳しく解説している。

後半は「奥の疏」と呼ばれ、密教の儀式などに関する秘伝が説かれている。この中に密教の奥義とされる「即身成仏《そくしんじょうぶつ》」の秘法が説かれており、その秘法は師子相承の口伝で授けられるという。

この経典は極めてインド的な密教を中国的な立場から理解し、再組織したものである。

お経の特徴

難解な『大日経』がよく分かる注釈書

『大日経』はインドからやって来た善無畏三蔵が漢訳したものだが、翻訳作業は一行と共同で行われた。

『大日経疏』は『大日経』の注釈ではあるが、その中では『大日経』の内容を咀嚼《そしゃく》して余すところなくあらわしている。その点で本経は注釈書を超えた書ということができる。

第5章

日本独自のお経

仏教を取り入れた聖徳太子

仏教布教に尽力した聖徳太子

聖徳太子《しょうとくたいし》(五七四〜六二二)は推古《すいこ》天皇の即位と同時に、二〇歳で摂政《せっしょう》(天皇に代わって政治を行う地位)となり、国政を任せられた。幼少時より非常に聡明で、仏教のみならず儒教や歴史、天文、地理などを学び、深く理解していたが、特に仏教の普及に努めたのは、仏教思想を通して国の倫理道徳を確立し、仏教を理想として国家を支配しようとしたためと考えられる。

政治体制を整えるためには儒教《じゅきょう》思想を全面的に押し出し、精神的秩序を整えるためには仏教思想によったのである。このことは「十七条《じゅうしちじょう》の憲法」を制定すると同時に、「冠位十二階《かんいじゅうにかい》」の制度を定めて官僚機構を整備し国家の基盤を作ることに結実した。

聖徳太子の歴史上の業績には実に輝かしいものがある。まず、中国の文化を学ぶために遣隋使《けんずいし》の派遣を実行した。これによって仏教はもとより、大陸の文化が、朝鮮半島を経由することなく直接輸入されるようになった。また、建築、土木の技術なども次々と輸入されて、大伽藍《だいがらん》の建立を可能にした。

聖徳太子の仏教理解

太子は短期間のうちに仏教思想をかなり深く理解した。推古一四年(六〇六)には推古天皇の御前で『勝鬘《しょうまん》経《ぎょう》』の講義を行い、また同じ年に『法華経』の講義を行ったといわれている。太子はこの講義をもとに『勝鬘経義《ぎ》疏《しょ》』および『法華義疏』をあらわし、さらには『維摩《ゆいま》経《ぎょう》』を注釈して、『維摩経義疏』をあらわしている。これらは「三経義疏」と呼ばれる聖徳太子の重要な著作であるが、『維摩経義疏』については後世の偽作を疑う学者が多い。

このような太子の仏教への篤い信仰心は周囲にも大

きな感化を与えた。太子が亡くなった翌年に完成した法隆寺金堂の釈迦三尊像の光背銘には、太子を指して「上宮法皇《じょうぐうほうおう》」と称している。太子が在世中から法皇と尊称されていたことが分かる。

また、太子の没後、橘大郎女《たちばなのおおいらつめ》の発願によってできた天寿国繡帳《てんじゅこくしゅうちょう》の銘には「世間は虚仮《けこ》にして、唯《た》だ仏のみ是れ真なり」という有名な言葉があり、これが後の仏教理解の一つの指針となった。

さらには太子の王子である山背大兄王《やましろのおおえのおう》が蘇我入鹿《そがのいるか》の軍勢と戦わずして子弟や妃妾とともに自害したのは、「諸悪莫作《しょあくまくさ》、衆善奉行《しゅぜんぶぎょう》（悪いことはせず、善《よ》いことをしなさい）」という太子の遺訓を守ってのことだった。

仏舎利を握って生まれてきた聖徳太子

聖徳太子は弓手《ゆんで》（左手）を握ったまま生まれてきたという。一向に開かないので周りの人々は心配していたが、1月1日の満1歳（数え年2歳）の誕生日の朝、初日の出に向かって合掌し、「南無釈迦牟尼仏《なむしゃかむにぶつ》」と唱えたという。

そのときはじめて開かれた左手から、小豆粒ほどのものがこぼれ落ちた。後でそれを調べてみると、仏舎利《ぶっしゃり》（釈迦の遺骨）だったという。

このときの姿をとらえたのが「南無仏二歳《なむぶつにさい》像《ぞう》」と呼ばれるものだ。聖徳太子にはさまざまな伝説が語り継がれている。それは太子がそれだけ偉大な人物だったという証左だ。

南無仏二歳像

はるばる唐（中国）から鑑真を招いた理由

苦難を乗り越え、来日した鑑真

唐《とう》（中国）の僧侶である鑑真《がんじん》は暴風雨や海賊に阻まれて五回も渡来に失敗したが、六回目の挑戦でやっと日本にたどり着くことができた。その間、一一年の歳月が過ぎ、当初の同志はすでに渡日を諦めたり亡くなったりした。鑑真自身も難破したおりに潮で目を痛め、とうとう失明してしまうが、ついに初志を貫いて念願の来日を果たした。ときに鑑真は六七歳。鑑真はなぜそれほどまでの苦難に遭い、しかも老齢を押してまで来日したのであろうか。

そこには東大寺を建立した聖武《しょうむ》天皇の強力な要請があったのだ。聖武天皇は仏教による国家の統一を目指し、東大寺を総国分寺《そうこくぶんじ》として全国に国分寺を建立する遠大な計画を立てた。そして、各国の国分寺には二〇人の正式な僧侶を、また国分尼寺《こくぶんにじ》には一〇人の正式な尼僧を常駐させることにした。計画された国分寺は六九ヶ寺だから、実に二〇七〇人の男性の僧侶と尼僧を

鑑真和上像

配属する必要があった。

正式な僧侶になるためには受戒しなければならない。受戒とは修行僧が守るべき戒律《かいりつ》を師匠から正確に伝えてもらうことだ。しかし、当時の日本には戒律の専門家がいなかったのだ。

このことを憂慮した聖武天皇は、中国から戒律の専門家を連れてくるように勅命《ちょくめい》を下したのだった。そして、日本から栄叡《えいそう》、普照《ふしょう》という僧侶を唐に派遣し、当時、戒律の大家として知られていた鑑真に是非とも日本に来て戒律を教えてくれるようにと懇願したのである。鑑真は彼らの熱意に共感して日本行きを決意した。

天下の三戒壇

鑑真が来日して東大寺に戒壇が設けられたのに続いて、筑紫《つくし》（福岡県）の観世音寺《かんぜおんじ》、下野《しもつけ》（栃木県）の薬師寺にも戒壇が設けられた。これら三ヶ所は「天下の三戒壇」と呼ばれ、いずれの戒壇でも受戒して正式な僧侶になることができた。関東や西日本の寺の修行僧がわざわざ東大寺まで行かなくてもよいように便宜を図ったのだ。これによって国分寺に配属する大勢の僧侶と尼僧を全国規模で受戒させることが可能になったのである。

日本国内で戒律を受けることが可能に

天平勝宝《てんぴょうしょうほう》五年（七五三）に来朝した鑑真は東大寺に戒壇《かいだん》を設けた。戒壇とは僧侶に正式に戒律を授ける施設で、これによって日本国内で戒律を受けることができるようになり、多くの僧侶がここで受戒したのである。これは日本の仏教史上、画期的な出来事だった。

鑑真は大和尚《だいおしょう》の号を賜り、大僧正《だいそうじょう》に任ぜられた。さらに後には聖武天皇の勅願《ちょくがん》によって唐招提寺《とうしょうだいじ》が建立され、鑑真が住持《じゅうじ》（住職）となり、天平宝字七年（七六三）に七七歳の生涯を閉じた。

鑑真没後も唐招提寺は戒律研究の根本道場として栄え、平安時代以降は盛衰を繰り返したが、現在も律宗《りっしゅう》の総本山として多くの参拝者を集めている。寺内に納められている鑑真和上像は天平時代の作であるが、鑑真の人柄を今に伝える名作として有名である。

『山家学生式』

経文

国宝《こくほう》とは何者《なにもの》ぞ、宝とは道心《どうしん》なり、道心ある人を名づけて国宝となす。

意訳

国の宝となるのは、どのような人か。仏教の教えに従って悟りを求める心（道心）のある人を国宝という。

「人材が国宝」と高らかに宣言

エリートだけでなく、だれもが僧侶になれるシステム作り

比叡山延暦寺《ひえいざんえんりゃくじ》を創建して日本天台宗を開いた伝教大師《でんぎょうだいし》最澄《さいちょう》の悲願は、比叡山に独自の戒壇を設けることだった。戒壇とは正式な僧侶になるために授戒《じゅかい》（戒律を授けること）をする施設で、最澄の時代には東大寺、観世音寺《かんぜおんじ》、薬師寺の三ヶ所にのみ設けられていた。これらは「天下の三戒壇」（前ページを参照）と呼ばれ、正式な僧侶になるためには、このいずれかで受戒しなければならなかったのである。

当時の僧侶は官僧《かんそう》（政府公認の僧侶）で、朝廷が定めた戒壇以外では受戒することができなかった。天下の三戒壇はいわばエリート向けの戒壇で、だれもがそこで受戒できる訳ではなかったのだ。しかし、早くから奈良仏教に決別して比叡山に天台宗の根拠地を開いた最澄は、独自の戒壇の設立を悲願とした。つまり、だれもが受戒で

きる戒壇を設けて、広く人材を集め、養成しようとしたのである。
このような意図のもと、最澄は延暦《えんりゃく》二五年（八〇六）から弘仁《こうにん》一〇年（八一九）までのあいだ、再三にわたって戒壇設立の正当性を主張する文書を、嵯峨《さが》天皇に提出した。その一連の文書を総称して『山家学生式《さんげがくしょうしき》』と呼んでいる。「学生式」とは仏教を学ぶ学生（学僧）が守るべき規則のことである。

比叡山延暦寺根本中堂。

弘仁九年（八一八）の五月には、『天台法華宗年分《ほっけしゅうねんぶん》学生式（六条式）』を、その年の八月には『勧奨《かんしょう》天台宗年分学生式（八条式）』を、さらに、翌年の三月には『天台法華宗年分度者回小向大式《ねんぶんどしゃえしょうこうだいしき》（四条式）』を奏上して戒壇設立の勅許を願い出た。「年分」「年分度者」とは朝廷が認める官費支給の僧侶のことで、奈良時代には法相《ほっそう》宗や律宗、華厳《けごん》宗に毎年数名ずつ認められていた。戒壇を設立して官費支給の僧侶の輩出を認められることは、天台宗の一宗派としての独立を意味していたのである。また、「山家」とは天台宗の意味である。

しかし、これらの主張は最澄の存命中には認められなかった。けっきょく、最澄は業半《ごうなか》ばにして

お経の特徴

最澄の熱意が伝わる申請書

本文でも述べたように、『山家学生式』は最澄が年分度者を賜るために朝廷に提出した申請書である。しかし、単なるお役所的な申請書の域を超えて、最澄が万人を救う人材を養成しようとする情熱を切々と伝える文面になっている。延暦寺の国宝殿には最澄直筆の『天台法華宗年分学生式』（国宝）が展示されている。力強い筆跡と今、筆をおいたかのような鮮明な墨跡。これを目にしたとき、最澄の情熱が直に伝わってくる。

弘仁一三年（八二二）に五六歳で亡くなるが、没後七日目に勅許が下りた。最澄にとっては、実に皮肉な結果になったが、ここに天台宗は奈良仏教と同等の宗派として認められることになったのである。そして、このことは日本仏教の新時代の幕開けでもあった。

広く人材育成を目指す

『山家学生式』では、仏教の教えにしたがって悟りを求める心のある人を国宝だとした上で、次のように述べている。「故に古人の言《いわ》く、径寸《けいすん》十枚これ国宝にあらず、一隅《いちぐう》を照らすこれ則ち国宝なりと」。国宝とは径寸（金銀財宝）などではなく、世の中の一隅に光を当てるような人材こそが国宝であると説いているのだ。

このように、最澄は天下国家のためになる人材を養成することの重要性を強調し、その人材の養成を比叡山で独自に行おうとしたのである。それまで行われていた戒律は鑑真がもたらしたもので、小乗仏教に基づくものだった。

しかし、日本の国土を「大乗相《だいじょうそう》応《おう》の地」とした最澄は、大乗の戒律による僧侶の養成を目指したのである。

弘法大師《こうぼうだいし》空海《くうかい》の華々しい活躍によって、晩年の最澄は苦境に立たされた。そして、最澄の没後しばらくのあいだ、比叡山は衰退した。しかし、最澄の直弟子の円仁《えんにん》や円《えん》珍《ちん》などの傑出した僧侶を輩出して、再び隆盛に向かった。そして、

日吉大社
―比叡山の守護神

比叡山の麓《ふもと》、琵琶《びわ》湖《こ》の畔《ほとり》に、比叡山の守護神をまつった日吉大社《ひよしたいしゃ》がある。ここはもともと日枝《ひえ》の神（比叡の神）をまつった神社で、最澄は比叡山を開くにあたって先輩の神を丁重にまつった。そして、唐から山王という山の神をもたらして合祀した。山王は中国の天台山に鎮座《ちんざ》していた山の神で、『法華経』の守護神といわれる。日吉大社は山王権現と呼ばれて比叡山とともに篤く信仰された。また、一般の神社では狛犬《こまいぬ》が社前を守るが、日吉大社は山の神をまつっているので、猿が社前を守る。

南都・北嶺

　平安時代の後半になると、比叡山をはじめとする大寺には武《む》蔵《さし》坊《ぼう》弁慶《べんけい》のような僧兵《そうへい》が出現する。中でも数と武力の強さで群を抜いていたのが奈良の興福寺（南都《なんと》）と比叡山（北嶺《ほくれい》）の僧兵で、ともに数千人の勢力を誇っていた。そして、両者ともに朝廷に無理な要求を掲げて訴え出た。これを強訴《ごうそ》といい、当時は何よりも恐れられていたという。そして、比叡山の僧兵は日吉大社の神輿《みこし》を担いで都（京都）に乱入し、要求が通らないと打ち壊しや焼き討ちなどの乱暴狼藉を働いた。これには朝廷も音をあげ、理不尽な要求を受け入れたという。

しだいに堂塔《どうとう》も整備され、最盛期には「三塔十六谷三千余坊《さんとうじゅうろっこくさんぜんよぼう》」という盛況ぶりだったという。

　最澄が目指した通り、比叡山には多くの優秀な修行者が集まり、修行と勉学に励んだ。天台宗は『法華経』を中心にあらゆる仏教を融合した教義だ。だから、比叡山にはあらゆる宗派の経典が集まり、仏教を総合的に学ぶことができた。平安時代の後半には比叡山は仏教の総合大学といった様相を呈していたのである。

多くの祖師を輩出した比叡山

　平安末期から鎌倉時代のはじめには、法然《ほうねん》や親鸞《しんらん》、栄西《えいさい》、道元《どうげん》、日蓮《にちれん》といった、いわゆる鎌倉新仏教の開祖たちも、若いころにはこぞって比叡山に登った。彼らは仏教を広く学び、これこそ衆生《しゅじょう》（すべての人々）を救うのに最適な教義であると考えた教えを選択したのである。

　たとえば、法然は念仏の教えを選択して浄土宗を開き、親鸞は後に浄土真宗の祖師と呼ばれた。また、栄西や道元は禅を選んで臨済《りんざい》宗《しゅう》や曹洞宗《そうとうしゅう》を開いた。そして、日蓮は『法華経』を選択して日蓮宗を開いたのである。

　ここに最澄の広く人材を集めるという意図は見事に実現した。そして、比叡山は南都《なんと》（旧来の奈良仏教）に対して北嶺《ほくれい》と呼ばれて、日本を代表する寺院として重きを置かれるようになった。

末法思想と鎌倉仏教

末法思想とは

末法《まっぽう》とは世の中が大いに乱れる闇黒の時代のこと。釈迦が亡くなってしばらくすると仏教徒は、釈迦が亡くなった後、仏教がいかに伝えられるかについての時代区分を考えた。それによると、仏滅後、正法《しょうぼう》、像法《ぞうぼう》の時代を経て末法の世に突入する。

まず、仏滅後、一〇〇〇年(五〇〇年とする説もある)のあいだは正法で、釈迦の教え(教)があり、それにしたがって修行する人(行)がいて、悟り(証)を開く人もいる時代。しかし、次の像法の時代になると、教と行は存在するが、悟りを開く人がいなくなってしまう。

この像法の時代が一〇〇〇年間(五〇〇年という説もある)続くと、末法の時代が到来するというのである。末法の時代は行も証もなく、教だけがある。この時代がさらに進むと教もなくなる法滅期《ほうめつき》が到来すると考えられた。この法滅の時代に備えて、人々は五六億七〇〇〇万年という遠い未来に弥勒菩薩《みろくぼさつ》が娑婆《しゃば》世界に降りてくるまで、経典だけでも残しておこうと考えた。そして、作られたのが経塚《きょうづか》というもので、お経を石や金属製の箱に入れて地中に埋め、石塔を建てて目印にした。今でいうタイムカプセルだ。

日本では平安時代の末の一〇五二年に末法の世がはじまると考えられた。そして、この時期が近づくと永いあいだ修行をして悟りを求めるのは不可能だという考えが広まり、念仏を唱えて速やかに極楽往生しようという浄土信仰が盛んになってきた。

念仏に救いを求める

その先鞭をつけたのが源信《げんしん》の『往生要集《おうじょうようしゅう》』(128ページを参照)で、末法の世で救われるには念仏を唱えるより他に方法がないということを強調している。

平安時代の末になると極楽往生の信仰はますます盛んになり、老若男女《ろうにゃくなんにょ》貴賤《きせん》を問わず多くの人々が熱心に念仏を唱えて極楽往生を願った。この時代の僧侶は宗派を問わず念仏を勧めるようになった。たとえば、鎌倉時代のはじめに東大寺の再建を果たした俊乗房重源《しゅんじょうぼうちょうげん》という人は醍醐寺《だいごじ》で修行した真言宗《しんごんしゅう》の僧侶だったが、熱心な念仏の信者となり、自らの号を「南無阿弥陀仏《なむあみだぶつ》」と称して、全国を行脚《あんぎゃ》して人々に念仏を勧めた。

そして、鎌倉時代のはじめに浄土信仰によって一宗派を開いたのが浄土宗の開祖法然だ。その後、法然の弟子の親鸞が浄土真宗のもとを作り、さらには一遍《いっぺん》が時宗のもとを築いた。

また、この時代には比叡山や高野山などでも念仏が盛んになり、宗派を超えて念仏信仰が広まった。平安末期から源平の合戦に代表される戦乱が打ち続き、加えて大地震や疫病《えきびょう》、飢饉《ききん》などが頻発した。まさに末法の世が現実になったような光景を目の当たりにした人々が、そこから一刻も早く逃れたいという意識を強く持ち、だれもが簡単に実践できる念仏が歓迎されたのである。

一宗派を開く つもりがなかった 親鸞と一遍

法然は『選択本願念仏集《せんじゃくほんがんねんぶつしゅう》』をあらわして浄土宗の開宗宣言をしている。また、日蓮や栄西、道元も自らの宗派の開宗を宣言している。

いっぽう、親鸞や一遍は、一宗派を開いて自分が開祖となろうというつもりは微《み》塵《じん》もなかった。彼らは多くの人々が念仏を唱えて救われることだけを願ったのだ。

捨て聖《ひじり》と呼ばれた一遍は無一物で諸国を行脚して念仏を勧めた。親鸞も晩年の30年ほどは郷里の京都で貧しい生活をしながら著作に専念し、自分が死んだら遺体は鴨川に流して魚の餌にしろと遺言した。そして、自分の葬儀のために時間を費やすことなく、阿弥陀如来の信仰に専念しろと説いたという。

しかし、弟子たちが一遍や親鸞を開祖として時宗や浄土真宗の基盤を作り、宗派としての組織を確立したのである。

武士や民衆に根づいていった仏教

武士に普及した禅宗

鎌倉時代には禅宗《ぜんしゅう》が伝えられた。まず、栄西が宋《そう》（中国南部の国）にわたって臨済宗《りんざい》を伝え、その弟子の道元も宋に留学して曹洞宗を伝えた。栄西は京都に建仁《けんにん》寺《じ》を創建したが、当時はまだ天台宗や真言宗、さらには旧来の奈良仏教の勢力が強かったので、建仁寺は禅宗の専門道場にはせず、諸宗兼学《けんがく》の寺とした。道元も京都に禅の専門道場を開くのは時期尚早と考え、福井に永平寺《えいへいじ》を開いて、ここを拠点に禅の普及に努めた。

禅の教えは武士の気質にあったので、鎌倉の武士の間で急速に普及した。建長《けんちょう》五年（一二五三）、五代執権《しっけん》、北条時頼《ほうじょうときより》は中国から来た蘭渓道隆《らんけいどうりゅう》を開山に招いて、建《けん》長寺《ちょうじ》を創建した。これがわが国最初の禅宗の専門道場となった。その後、八代執権《しっけん》北条時宗《ときむね》のときに円覚寺《えんがくじ》が創建され、寿福寺《じゅふくじ》、浄智寺《じょうちじ》、浄妙寺《じょうみょうじ》を合わせて鎌倉五《ご》山《ざん》と称して、禅宗が本格的に活動をはじめたのである。

禅の教えは鎌倉の武士たちに広がっていった。

独自の教義を展開した日蓮

また、鎌倉時代には日蓮が法華宗《ほっけ》（後に開祖の名をとって日蓮宗と呼ばれるようになる）を開いたことも特筆に値する。日蓮は国家と国民が一丸となって『法《ほ》華経《けきょう》』を一心に信仰することによって真の平和が訪れるという独自の教義を展開して他宗を激しく非難した。

日蓮は、平安末期から鎌倉時代にかけて戦乱や飢饉、地震などの天変地異が打ち続く騒然とした世の中で、頼ることができるのは『法華経』のみであるとの強い確信を持って布教を勧めた。この時代に生きた人々は、総じてそのような騒然とした状況に対する危機感を抱いていたのであり、法然や親鸞など、いわゆる鎌倉新仏教の開祖たちも、そのような劣悪な状況を打開する道を命がけで求めたのだった。日蓮の激しい論調は、この時代を象徴するものでもあったのだ。

南都仏教の改革

この他、鎌倉時代には天台宗や真言宗、さらには興福寺や東大寺などの南都《なんと》仏教（奈良仏教）も依然として勢力を保っていた。そして、これら旧来の宗派の中でさまざまな改革運動が行われたが、中でも戒律の復興ということが各宗派で叫ばれた。

平安末期から続いた渾沌《こんとん》とした世相の中で、仏教の戒律も大いに乱れた。戒律は仏教の屋台骨にあたるものので、その乱れに危機感を抱いた僧侶たちが、その復興、改革に着手したのである。とりわけ真言宗《しんごんしゅう》の叡尊《えいそん》は戒律の復興を強く訴え、奈良の西大寺《さいだいじ》を拠点として真言密教と戒律の研究と実践を融合した真言律宗を開いた。叡尊は鎌倉幕府の信任を受けて鎌倉を訪れ、戒律を広めた。また、叡尊の弟子の忍性《にんしょう》は鎌倉に極楽寺を開き、真言律宗の拠点にした。

民衆に広まった仏教

日本に仏教が伝来したのは538年。その後、受け入れを巡って争いはあったものの、仏教は着実に日本の国土に根づいていった。飛鳥《あすか》時代（538～645）から奈良時代（710～794）は天皇の仏教、平安時代（794～1192）は貴族の仏教と大別することができる。この時代の仏教は一般庶民には総じて縁遠い存在だった。しかし、鎌倉時代（1192～1333）になると、はじめて仏教は民衆のものとなった。いわゆる鎌倉新仏教の開祖たちは、騒然とした世の中で不安に慄《おのの》く民衆が救われる道を、まさに命がけで模索したのだ。その結果、現在、日本にある13の宗派のうち、6宗までが鎌倉時代に産声をあげたのだ。

地獄・極楽を明らかにした経典

『往生要集』（三巻）

経文

それ往生極楽の教行《きょうぎょう》は、濁世末代《じょくせまつだい》の目足《もくそく》なり。道俗貴賤《どうぞくきせん》、たれか帰せざるものあらん。ただし、顕密《けんみつ》の教法《きょうほう》、その文、一にあらず。事理《じり》の業因《ごういん》、その行これ多し。利智精進《りちしょうじん》の人は、いまだ難しとなさず。予がごとき頑魯《がんろ》のもの、あにあえてせんや。このゆゑに、念仏の一門《いちもん》によりて、いささか経論の要文を集《あつ》む。これを披《ひら》きこれを修するに、覚りやすく行じやすし。（後略）

意訳

そもそも極楽往生のための教えと修行は濁り果てたこの末法の世（濁世末代）の目となり、足となるものである。出家の僧侶も在家の者も、身分が高い者も低い者も、すべて極楽往生の教えにしたがい、修行しない者はだれ一人としていないだろう。しかし、顕教《けんきょう》（密

極楽に往生するための手引書

『往生要集』の著者の恵心僧都《えしんそうず》源信《げんしん》（九四二～一〇一七）は、九歳で比叡山に登り、天台宗の教学を修めて早くから頭角をあらわし、名声を得た。しかし、四〇歳を過ぎたころから比叡山の横川《よかわ》に隠棲し、ひたすら念仏を唱えて暮らしたという。『源氏物語』に登場する「横川の僧都《そうず》」のモデルになったと伝えられている人である。

『往生要集』は永観《えいがん》二年（九八四）一一月から翌年の四月にかけて、書き上げられたもので、数々の経

教以外の仏教）や密教の説く教えは多様で、さまざまな事象について理論的に説明し、それにしたがって難しい修行をせよと説くものが多い。そういう教えは智慧があって努力を怠らない人にとっては難しくないだろう。しかし、私のように愚かなものは進んでそのような修行をすることができない。だから念仏だけによって、少しばかり経論の肝要（重要な部分）を集めた。これをひもといて念仏の修行をすれば覚り（悟り）やすく、修行し易いだろう。（後略）

典から極楽往生に関する重要な文章を集めた（要集）ものである。末法の世（１２４ページを参照）に際して念仏に頼る以外に救われる手立てがないことを強調している。その内容は、

（一）厭離穢土《おんりえど》　（二）欣求浄土《ごんぐじょうど》
（三）極楽証拠《ごくらくしょうこ》　（四）正修《しょうしゅ》念仏
（五）助念《じょねん》方法　（六）別時《べつじ》念仏
（七）念仏利益　（八）念仏証拠
（九）往生諸業《おうじょうしょごう》　（十）問答料簡《もんどうりょうけん》

の十門（十章）からなり、一六〇余りの経典から往生に関する要文（重要な文章）を抜粋して、問答形式で記している。

まず厭離穢土ではこの穢れた娑婆世界（われわれが生きている迷いの世界）は厭うべきものであり、一刻も早くそこから脱出しなけれ

市の聖
―空也上人

空也《くうや》は名を光勝《こうしょう》といい、平安時代の中期に浄土信仰を布教したことで知られる。若くして出家した空也は各地の仏教の聖地を巡歴するいっぽうで、橋を架けたり、道路を作るなどの社会事業や困民救済の福祉事業も積極的に行ったという。人々が集まる定期市に行っては庶民に念仏を勧めたことから「市の聖《ひじり》」の異名をとる。上部に鹿角を取り付けた杖を突き、鉦《かね》を叩いて、南無阿弥陀仏を唱えて民衆を教化した。

空也が建立した京都の六波羅蜜寺《ろくはらみつじ》には、六体の阿弥陀の小仏を吹き出している有名な空也像がある。

ばならないと説く。ここでは地獄《じごく》・餓鬼《がき》・畜生《ちくしょう》・修羅《しゅら》・人間《にんげん》・天《てん》の六道《りくどう》の世界（われわれが死んでは生まれ変わる輪廻転生《りんねてんしょう》する世界）について述べ、特に地獄について の生々しい描写は当時の人々に大きなショックを与え、極楽往生への願いを強めたという。

次に欣求浄土では阿弥陀如来が大勢の菩薩とともに迎えに来て極楽浄土に連れていってくれることや、極楽で大勢の仏や菩薩に会って親しく説法を聞くことができることなど、極楽浄土での一〇の楽を説き、浄土こそ希求すべきものであることを強調する。

そして、極楽証拠では極楽浄土の光景が示され、その浄土が確実に存在するとの証拠を示す。

正修念仏、助念方法、別時念仏は極楽往生するための修行方法、念仏の唱え方が詳細に説かれている。

念仏利益は文字通り、念仏を唱えることによって罪を滅することができたり、生身の仏に会うことができるなどの七つの利益《りやく》（功徳《くどく》）について述べる。念仏証拠は、なぜ念仏だけにそういう利益があるかを説く。往生諸業では往生するための念仏以外の修行について明かす。

最後の問答料簡では、これまでに述べた項目についていくつかの問答を掲げ、それまでに述べたことをより明確にまとめている。

念仏普及に大きな影響を与えた

源信以前にも空也《くうや》など念仏を重んじて、その大切さを説いた人はいた。しかし、念仏を体系的に述べたのは本書がはじめてで、本書が平安末期から鎌倉時代の仏教に与えた影響は極めて大きい。

浄土宗の開祖法然はこの書に感化を受けて、仏教史上はじめて浄土念仏による一宗派を開いた。そして、その門下の親鸞も本書を重視し、浄土真宗のもとを作ったことはいうまでもない。

そして、源信は「南無阿弥陀仏」と声を出して行う称名《しょうみょう》念仏を重んじた。もともと念仏とは文字通り「仏の姿を念ずる」ことで、声を出さずに瞑想《めいそう》して仏をイメージするもので、坐禅と同じ修行だった。これを「観念《かんねん》念仏」というが、その後、このような念仏は修練を積んだものでなければ難しいということから、声を出す称名念仏が行われるようになった。源信がだれでもできる称名念仏を勧めたことは、念仏信仰の普及に多大な影響を与えたのである。

地獄の様子を克明に描写

また、本書は地獄、極楽の光景をありありと描写していることでもよく知られている。とりわけ、地獄については、阿鼻《あび》地獄や叫喚《きょうかん》地獄など、八つの地獄の光景を克明に描写している。当時の人々は、本書によってはじめてこれらの地獄の光景を具体的に知り、その凄惨《せいさん》さに大きなショックを受け、極楽往生をますます強く求めるようになったのである。天変地異や戦乱が打ち続く平安時代末期の状況は、地獄の描写と重ね合わせになったのだろう。

さらに、文学作品にも多く引用され、仏教美術にも大きな影響を与えた。また、極楽浄土の光景を詳細に描写したことから、それまでの密教美術に代わって阿弥陀来《らい》迎《ごう》図《ず》などの浄土教美術が盛んになったのも、本書によるところが大きい。さらには宇治平等院鳳凰堂《うじびょうどういんほうおうどう》に代表される浄土建築、浄土庭園などの登場にも、本書が深く関わっているといえるだろう。

また、本書が書かれた翌年には宋（中国）に伝えられ、絶賛を浴びたという。これも日本の仏教史上画期的なできごとだった。

お経の特徴

地獄と極楽を具体的に示す

本文でも述べたように、源信以前にも空也などによって念仏が勧められていたが、念仏を中心に据えて極楽往生を願うべきことを体系的に説いたのはこの書がはじめてである。

また、地獄や極楽についての克明な描写により、それまで漠然とした観念だった地獄と極楽の世界に具体性を持たせ、それによって極楽往生の目的がより明確になったということがいえるだろう。

『往生要集』には極楽だけでなく、地獄の様子も克明に記されている。

戯曲仕立ての比較宗教論

『三教指帰』

経文

（前略）吾等《われら》幸いに優曇《うどん》の大阿闍梨《だいあじゃり》に遭いたてまつり、厚く出世《しゅっせ》の再訓《さいくん》に沐《もく》す。誰昔《むかし》にも未だ聞かず、後葉《こうよう》にも豈《あ》に有らんや。吾れ若《も》し不幸にして和上《わじょう》に遭わざらましかば、永く現欲《げんよく》に沈んで、定んで三途《さんず》に没しなん。今、僅《わず》かに提撕《ていぜい》を蒙《こうむ》って、身心安敞《しんじんあんしょう》なり。（後略）

▼意訳

（前略）私たち（道教代表の虚亡隠士《きょぼういんじ》、儒教代表の亀毛《きもう》先生）は幸いにも三〇〇〇年に一度咲くという優曇華の花のように遭い難いあなたのような大阿闍梨（大先生）にお遭いすることで世俗を超えた最高の教え（仏教の教え）を授かることができました。このような

仏教、儒教、道教の三教を比較

『三教指帰《さんごうしいき》』は弘法大師空海（七七四～八三五）の処女作として知られている。

幼少より聡明だった空海は、一五歳で都に出て、その後大学に入る。しかし、当時の大学に満足しなかった空海はしだいに仏教への憧憬を強め、独学で学ぶようになる。そして、一八歳のときに、ついに出家を決意することになる。

このとき、親族や知人から親兄弟を捨てて出家することは人倫にもとる行為だと非難された。これ

> お話は昔にも聞いたことがありませんし、これから先も聞くことはないでしょう。私たちが不幸にして先生（和上）にお会いできなかったなら、永きにわたって地獄道、餓鬼道、畜生道の三つの悪い世界に落ちてしまったことでしょう。今、ご指導をいただいて身心ともに多少なりとも楽になりました。（後略）

に対する回答として記述したのが本書で、はじめ『聾瞽指帰《ろうこしいき》』の名で発表したものを、二四歳のときに改訂するとともに、『三教指帰』と題名を改めたと考えられている。

日本には仏教とともに、中国の民族宗教である道教《どうきょう》と儒教《じゅきょう》が早くから伝えられていた。空海は仏教、儒教、道教の三教を比較して、仏教が最も優れた教えであることを説いた。

この経典は戯曲の形式で構成されており、仏教は仮名乞児《けみょうこつじ》、道教は虚亡隠士、儒教は亀毛先生という人物がそれぞれの自説を述べ、それを蛭牙《しつが》公子という人物が聞くという構成になっている。

仏教の優位性を説く

まずは、亀毛先生が儒教の根本思想である仁《じん》・義《ぎ》・礼《れい》・智《ち》・信《しん》という五常《ごじょう》について語り、人として生まれて立身出世するのが生き甲斐というものではないかと結論付ける。

これに対して、道教の虚亡隠士は、出世栄達などという世俗の処世術は低俗なものである。そんなことよりも、世俗を離れて自由無為に生きる老荘《ろうそう》の教えや、不老長寿や雲に乗って自由に空中を飛翔することを目指す神仙術《しんせんじゅつ》を実践する方が、はるかに生き甲斐になると主張する。

これら二人の主張に対して、最後に登場するのが仏教を代表する仮名乞児である。彼は儒教と道教を代表する二人の見解を否定し、一切衆生《いっさいしゅじょう》（すべての人）が救われる道を説くのが仏教であると説く。そして、仏教の諸行無常《しょぎょうむじょう》などの根本思想と、その実践方法を述べた上で、悟りの境地に至ることが最高の幸せであると強調する。

はじめは半信半疑で聞いていた亀毛先生と虚亡隠士も、仮名乞児の教説にすっかり感嘆し、仏教に帰依する。

そして、空海は儒教を「俗塵《ぞくじん》の微風」、道教を「神仙の小術」と結論づけ、仏教が両者の上に立つ真の教えであると強調している。

本書は空海の仏教の原点となる

空海の名の由来

四国八十八ヶ所の第二十四番霊場で、室戸岬《むろとみさき》にある最御崎寺《ほつみさきじ》の近くに空海が若いころ修行をしたという岩窟がある。その岩窟の奥に進むと海に向かって貫通しており、そこからは海と空だけが見える。空海の名はその空と海にちなむという。

また、空海は19歳のとき、この岩窟で「虚空蔵菩薩求聞持法《こくうぞうぼさつぐもんじほう》」という密教の秘法を修め、超人的な記憶力を授かったといい、以降、どんなに長い経典もすらすらと覚えられるようになったという。そのことは空海自身が『三教指帰』の中で明らかにしている。

岩窟で修行に励む空海。

もので、戯曲仕立ての構成は文芸にも優れた才能を発揮した空海ならではの傑作である。

その後、空海は唐《とう》（中国）にわたり、真言密教《しんごんみっきょう》を招来して、日本真言宗の祖となった。

唐の真言密教を日本に伝えた空海は、日本真言宗の祖として活躍した。

お経の特徴

宗教を人物にたとえて、分かりやすく解説

このお経の最大の特徴は、なんといっても戯曲仕立てという前例のない形式を取っていることである。一八歳で都の大学に入学した空海は、そこで主に儒教を学び官吏になる道を歩みはじめる。しかし、当時の大学の教育に不満を抱いた空海はすぐに大学を辞め、独学で仏教を学ぶ。そして、学びはじめて間もなく、仏教が儒教や道教よりも優れていることを見抜いた。

本書はそんな空海の思想的転換の記録でもあり、いわば自伝的小説と位置付けることもできるのだ。

一枚の紙に念仏の要点をまとめた

『一枚起請文』

経文

もろこしわが朝《ちょう》にもろもろの智者たちの沙汰申さるる観念の念にもあらず。また、学問をして念の心を悟りて申す念仏にもあらず。ただ、極楽往生のためには、南無阿弥陀仏と申してうたがいなく往生するぞとおもひとりて申すほかに、別の子細候はず。ただし、三心《さんしん》四《し》修《しゅう》なんど申す事の候は、みな決定して南無阿弥陀仏にて往生するぞとおもふうちにこもり候なり。（中略）

念仏を信ぜん人は、たとい一代の法を能《よ》く能く学すとも、一文不知《いちもんふち》の愚鈍の身になして、尼入道《あまにゅうどう》の無智のともがらに同じうして、智者のふるまひをせずしてただ一向に念仏すべし。（後略）

意訳

中国や日本（もろこしわが朝）の多くの智者が説く念仏でもなく、また、学問をした上で理解する念仏でもない。阿弥陀如来の本願を信じ、念仏

念仏の必要性を分かりやすく説く

建暦《けんりゃく》二年（一二一二）正月、法然が臨終に際して、弟子の源智《げんち》に求められて念仏による極楽往生の要旨を一枚の紙に認《したた》めたと伝えられている。そのことから、『一枚《いちまい》起《き》請文《しょうもん》』の名で呼ばれ、また、『一枚消息《しょうそく》』『御誓言《ごせいもん》』などとも呼ばれている。浄土宗では朝夕に読み上げられ、重要視されている。全文はわずか二百数十文字で、『般若心経』ほどの長さである。

本書は浄土宗開宗の書である『選択本願念仏集《せんじゃくほんがんねんぶつしゅう》』の内容を凝縮し

によって極楽往生を願う人は、疑いなく往生するのだという信念を持つことが重要で、他に何も考える必要はない。その信念さえあれば、浄土に生まれるものが具えなければならない三種の心（三心）や、念仏行をする人が心掛けるべき四つの修行（四修）などというものも、自ずから具わってくる。（中略）

だから、念仏を唱えて極楽往生を求める人は、たとえ万巻の書を読んで高遠な学識を身につけていても、無学な愚者と同じ心で、智者のようにふるまわずにただひたすら（一向に）念仏を唱えるべきである。（後略）

たものといわれ、その要点が簡潔にまとめられている。

また、『選択本願念仏集』が漢語で体系的に述べられているのに対して、本書は平易な和文で綴られており、だれにでも容易に理解できる。そのため浄土信仰の普及に大きな効果をもたらした。

お経の特徴

だれもが読める、短くて分かりやすい経典

総じて仏典は漢文で書かれ、難解なものが多い。しかし、この『一枚起請文』はごく平易な仮名交じりの文章で簡潔にまとめられている。法然の時代に念仏を中心として仏教が民衆の中に広まった。仮名交じりの平易な表現は時代の要請だったのだ。

愚者の認識

法然は自らを「十悪の法然房、愚痴《ぐち》の法然房」と言っている。また、親鸞は自らを「愚禿《ぐとく》」と称している。愚禿とは衣だけ着ているニセ僧侶という意味だという。いずれにしても痛烈な自己反省のもとに強烈な愚者の認識を持ったのであり、そんな愚者でも救われる道を切り拓いたのだ。

釈迦の最も出来の悪い弟子に周利《しゅり》槃特《はんどく》という人がいた。彼はごく短い経文も覚えることができず、「私はどうしてこんなに愚かなのでしょう？」と釈迦に尋ねた。すると、釈迦は「お前は決して愚かではない。なぜなら己の愚かさを知っているからだ！」と答えた。この言葉に奮起した周利槃特はごく短い経文を覚えて繰り返し唱え、悟りの境地に達した。愚かさを知らないものには発展がないのだ。

禅宗の魁

『興禅護国論』

二度、宋にわたり、禅の奥義を極めた栄西の書

著者の栄西《えいさい》（一一四一〜一二一五）は一九歳で比叡山に登り、天台教学を学んだ。しかし、天台宗の頽廃《たいはい》を憂いて下山。仁安三年（一一六八）、二七歳のときに宋（中国）にわたり、天台山に学んだ。このとき、禅の教えに触れ、帰国後も禅の研究に専念する。そして、文治三年（一一八七）、四六歳のときに再び入宋して禅の奥義を受け、建久二年（一一九一）に帰朝した。

帰国後、博多に聖福寺《しょうふくじ》を建立して禅の専門道場にしたが、直ちに天台宗を中心とする既存の宗派から激しく論難された。

そこで、栄西は『興禅護国論《こうぜんごこくろん》』をあらわして、ときの関白・九条兼実《くじょうかねざね》に提出して禅宗の正当性、必要性を説いた。題名が示す通り、『興禅護国論』は禅宗を興すことによって国を護ることを説いたものである。つまり、禅を一宗として独立させることは、日本の仏教の繁栄のためだけでなく、国家の繁栄にも寄与すると主張したもので、日本における禅宗独立の宣言書ということができる。

日本最初の禅道場を開いた栄西。

戒律を厳格に守ることを主張

全体は十門（十章）からなり、第一の「令法久住門《れいほうくじゅうもん》」では戒律を守り、禅を実践することで仏教が永続的に繁栄することを説いている。第二「鎮護《ちんご》国家門」では禅宗こそが国家を鎮護し、泰平の世をもたらすものであることを主張する。

第三「世人決疑門《せじんけつぎもん》」は禅宗に対

する世の疑問や批判に答えるもので、一二項目を挙げて疑問に答え、解説を加えている。第四「古徳誠証門《ことくじょうしょうもん》」は中国の高僧たちが禅を重んじ、これをいかに実践したかを事例を挙げて述べている。

第五「宗派血脈門《しゅうはけちみゃくもん》」では禅が「過去七仏《かこしちぶつ》」から、第二八祖の菩提達磨《ぼだいだるま》、中国の第二四世を経て栄西に至る、禅の血脈の相承を示し、「以心伝心《いしんでんしん》」の禅が仏教の正統であることを強調している。

第六「典拠増信門《てんきょぞうしんもん》」は禅に関するさまざまな経論の要文を引用して禅の正当性を立証し、人々の信根《しんこん》（仏道に向かう心）を増長させようとするものである。第七「大綱勧参門《たいこうかんさんもん》」は禅の大綱（根本的な事柄）を示し、人々にこれを実践することを勧めたものである。

第八「建立支目門《こんりゅうしもくもん》」は、戒律を固く守り、禅定《ぜんじょう》（坐禅）に打ち込む禅宗寺院の生活が、いかに仏法に適ったものかを行事規定などの実例を挙げて説いている。第九「大国説話門《たいこくせつわもん》」は、インドや中国では今も仏教が盛んだが、これらの大国の仏教は禅を中心とするものであることを、二十数ヶ条の事例を挙げて説く。そして、最後の第十「回向発願門《えこうほつがんもん》」では、一切衆生に禅を広め、それによって人々を救済することを発願して（願って）、この書を結んでいる。

本書の冒頭で、栄西は仏法《ぶっぽう》（仏教）の基本は持戒《じかい》（戒律を守ること）にあり、それを破るものは仏教者とは程遠い存在であることを強調している。戒律を厳格に守り、禅を実践することが彼の仏教の根本的な立場だった。そして、栄西自身、持戒堅固《けんご》（戒律を厳格に守ること）の人だったのである。

お経の特徴

禅に対する批判に理路整然と対応

栄西が禅を伝えたころ、日本では未だ天台宗や真言宗、法相宗や華厳宗などの奈良仏教の勢力が強かった。そこで、新参者の禅はこれら旧来の宗派からの批判の矢面に立たされた。そんな批判に対抗し、禅の正当性を訴えたのが本書である。経典の記述や過去の中国やインドの事例を挙げて、禅に対する批判や疑問に丁寧に、理路整然と答えているのが特徴的である。

浄土真宗立教開宗の書

『教行信証』

経文

竊《ひそ》かにおもんみれば、難思《なんじ》の弘誓《ぐせい》は難度海《なんどかい》を度《ど》する大《たい》船《せん》、無碍《むげ》の光明《こうみょう》は無明闇《むみょうあん》を破する恵日《えにち》なり。しかれば則ち、浄邦縁熟《じょうほうえんじゅく》して、調達《ちょうだつ》・闍世《じゃせ》をして逆害を興《こう》ぜしむ。浄業機《じょうごうき》彰《あら》わして、釈迦・韋提《いだい》をして安養《あんにょう》を選ばしめたまへり。これ乃ち権化《ごんげ》の仁《じん》、済《ひと》しく苦悩の群萌《ぐんもう》を救済《くさい》し、世雄《せおう》の悲《ひ》、正《まさ》しく逆謗闡提《ぎゃくほうせんだい》を恵まむと欲《ほっ》す。

▼意訳

私なりに考えてみると、衆生を極楽往生させようとの阿弥陀仏の偉大な本願は、わたることのできない迷いの海をわたして下さる大きな船であり、何物にもさまたげられないその光明は、煩悩の闇を破って下さる智慧の輝きである。ここに、浄土の教えを説き明かす機縁が熟し、提婆《だいば》達多《だった》が阿闍世王《あじゃせおう》をそそのかして、父の頻婆娑羅王《びんばしゃらおう》を害させたのである。そして浄土往生の行を修める正機が明らかになり、釈尊が韋提希夫人《いだいけぶにん》を

親鸞が師・法然に捧げた書

親鸞の師の法然は、ただひたすら念仏を唱える専修念仏《せんじゅねんぶつ》を説き、他の修行方法を否定した。そのため、存命中から他宗の激しい批判を浴び、一時は弾圧を受けて流刑にもなった。そのとき、親鸞も連座して越後に流された。そして、法然の没後も専修念仏の教えに対してさまざまな批判が加えられた。

このような状況を嘆いた親鸞が、師の法然の十三回忌に捧げたのが本書で、多くの経典を引用して専修念仏の正当性を主張してい

お導きになって阿弥陀仏の浄土を願わせたのである。これは、菩薩方が仮の姿をとって、苦しみ悩むすべての人々を救おうとされたのであり、また如来が慈悲の心から、五逆の罪を犯す者や仏の教えを誹《そし》るものや一《いち》闡提《せんだい》のものを救おうとお思いになったのである。

お経の特徴

親鸞の独自の思想を展開

『顕浄土真実教行証文類』という本書の正式題名が示すように、著者の親鸞が自身の言葉をできるだけ抑え、多くの浄土関係の経典から引用した言葉に親鸞独自の解釈を加えている。そして、報《ほう》恩謝徳《おんしゃとく》の念仏や非僧非俗《ひそうひぞく》など親鸞独自の思想や立場を明確に打ち出している。つまり、宗派の教理や立場が明確に示されているのであり、後に本書が浄土真宗立教開宗の書とされた由縁である。

る。正式には『顕浄土真実教行証《けんじょうどしんじつきょうぎょうしょう》文類《もんるい》』という。

全体は教巻・行巻・信巻・証巻・真仏土《しんぶつど》巻・化身土《けしんど》巻の六巻からなる。

まず、「教巻」では阿弥陀如来の本願を説く『大無量寿経』の教えについて説き、その教えに納得して南無阿弥陀仏を唱えるべきことが「行巻」で説かれる。「信巻」では阿弥陀如来の本願を無条件に信じるべきことが説かれ、「証巻」では阿弥陀の本願を信じることによって往生が得られることを説く。

そして、真仏土とは、浄土のことで、人はこの浄土から生まれ出て、再びその浄土にかえっていくと説く（「真仏土巻」）。最後に化身土はわれわれが住む娑婆世界、すなわち俗世間のことだ。われわれは本来、真仏土に行くことが確定しているが、それまでのあいだは方便として化身土に住んでいるというのである（「化身土巻」）。

一度でも念仏を唱えれば往生できる

本書の中核をなす「信巻」には「信心歓喜　乃至一念　至心回向　願生彼国　即得往生　住不退転」という言葉が三回にわたって出てくる。これはふつうには「信心歓《かん》喜《ぎ》して乃至《ないし》一念せん。至心《ししん》に回向《えこう》して、彼《か》の国に生ぜんと願ずれば、即ち往生を得て、不退転《ふたいてん》に住する」と読む。すなわち、たとえ一念でも念仏を唱えれば、その善行の功徳が振り向けられ（回向《えこう》され）、すぐに極楽往生できる、という意味だ。

　しかし、親鸞はこの一節を「乃至一念せん。至心に回向せしたまえり」と読んだ。つまり、一度でも念仏を唱えれば、阿弥陀如来が至心に自らの持つ善を振り向けて、衆生を往生させてくれるというのである。

　師の法然は、阿弥陀如来は一心に念仏を唱えるものを救ってくれるという他力《たりき》の教えを説いた。しかし、念仏を唱えるという行為（行）は衆生が自ら行うもので、自力の要素を残している。しかも、法然は念仏の回数が多いほど救われる可能性が高いといい、自らも日に六万遍も念仏を唱えたという。ここまでくれば念仏も難行苦行になってしまう。

　そこで、親鸞はそれまでの念仏に対する考えに反省を加えた。すなわち、親鸞は阿弥陀如来の本願《ほんがん》を信じ（信）、念仏を唱えること（行）は衆生自らの所業《しょぎょう》ではなく、阿弥陀如来の慈悲《じひ》によって本願を信じさせ、念仏を唱えさせてくれると考えた。そこには人間の意思による自発的な所業は何一つなく、すべては阿弥陀如来の計らいであるというのだ。

　親鸞にとっての念仏は、往生のための手段ではなく、本願を信じさせてくれた阿弥陀如来に対する報恩謝徳《ほうおんしゃとく》、つまり、信を起こさせてくれたことに対する恩に報い、

親鸞は、念仏を唱えるのは自分の意思ではなく、阿弥陀如来の計らいだとし、信心を起こさせてくれたことに感謝する「報恩謝徳」を説いた。

その功徳に感謝するものとして受け止められたのである。

　このような親鸞の立場は、絶対《ぜったい》他力《たりき》と呼ばれ、法然をはじめとするそれまでの浄土教の他力を超えた画期的なものである。

非僧非俗の立場を貫く

　このような立場においては、僧侶も俗人も関係がない。そこで、本書の末尾では「しかれば已《すで》に僧に非《あら》ず、俗に非ず、是の故に禿《とく》の字を以《もっ》て姓となす」と述べている。親鸞は越後に流されたときに、当時の法にしたがって還俗させられたが、その後、流罪を許されても僧籍に戻ることはなく、僧でもなく、俗でもない立場を貫いて布教活動に専念した。このような親鸞の立場を「非僧非俗《ひそうひぞく》」といい、今日に至るまで浄土真宗の根本的な立場となっている。浄土真宗の僧侶が剃髪《ていはつ》しないのもこの立場に立つからである。

　本書は浄土真宗の立教開宗の書とされている。ただ、親鸞自身は自らの教えに基づいて一宗派を開こうなどという意思は毛頭持ち合わせていなかった。親鸞の情熱は、念仏によって一人でも多くの人を救いたいという一点に注がれていたのである。

もともと本願寺は浄土宗の総本山知恩院の境内にあった?!

　親鸞の死後、その遺骨は今の知恩院《ちおんいん》の境内の北側にまつられた。つまり、親鸞が慕って止まなかった師の法然のお膝元に墓を建てたのだ。没後10年、「遺体は鴨川に流せ」という親鸞の遺志に反して盛大な法要が営まれ、ここに本願寺の基盤が固まり、その後は知恩院を凌ぐ発展を遂げた。

　しかし、あまりの発展から旧来の宗派から攻撃され、第八世蓮如《れんにょ》のときに比叡山の僧兵に攻撃されて、この地からの撤退を余儀なくされた。その後、本願寺は各地を転々とし、江戸時代になってようやく京都に本拠を構えることができた。

　ちなみに、知恩院の正式名称は華頂山《かちょうざん》知恩院大谷寺《おおたにでら》といい、この場所は大谷という地名だった。その地名をとって大谷派の名があるのだ。

「悪人こそ救われる」と説く画期的な書

『歎異抄』

経文

ひそかに愚案《ぐあん》をめぐらして、ほぼ古今を勘ふるに、先師の口伝《くでん》の真信《しんじん》に異なることを歎き、後学相続の疑惑あることを思う。（中略）よって、故親鸞聖人の御《おん》物語のおもむき、耳の底に留まる所いささかこれを記す。ひとえに同心行者の不審を散ぜんがためなりと。云々。（後略）

▼意訳

愚かな考えを巡らして、昔と今の教えを考察すると、今、行われている説が先師（親鸞聖人）から直接聞き伝えられた真実の教えと異なることを歎き、その異なるところが聖人の教えを受け継いでいこうとする後進の疑惑となることを悲しく思う。（中略）そこで、亡くなられた親鸞聖人が語られた真意、未だ耳の底に留まっているものを記すことにする。これはひとえに同じ心で道を求める人たちの不審を解消したいからである。（後略）

曲解された教えを正しいものに

「善人なおもて往生をとぐ、いわんや悪人をや」という『歎異抄《たんにしょう》』の一節は親鸞の教えを代表する言葉としてよく知られている。

この言葉に代表されるように、余りにも独創的な親鸞の教えは、すでに存命中からさまざまに曲解された。そして、親鸞没後もさまざまな異説があらわれた。このような状況を歎いた弟子の唯円《ゆいえん》が、生前、親鸞から聞いていた言葉で異解を正したのが本書である。文字通り「異解《いかい》を歎《なげ》い」てあらわしたものである。

　全体は十八章からなり、前半の十章は唯円が聞いた親鸞の法語を綴ったもの。後半の八章は種々の異解を正し、批判に答えたものである。このうち、前半の十章までに親鸞の他の著作には見られない独自の考え方が述べられており、そのことが小品ながら本書に真宗の重要聖典としての地位を与えているのだ。

　たとえば、第三章では、本項冒頭でも紹介した「善人なおもて……」の一節がある。これは親鸞の中心思想である「悪人正機《あくにんしょうき》」を説いたものとしてあまりにも有名である。善人はそれほど手間をかけなくても往生することができる。しかし、罪深い人は往生したくてもなかなか往生できない。阿弥陀如来の偉大な慈悲はそういう人（悪人）にこそよりいっそう強く注がれるという意味である。

お経の特徴

逆説的で過激な表現を多用

「……いわんや悪人をや」「親鸞は弟子一人ももたず」など、『歎異抄』には常識では認めがたい逆説的で過激な表現が多い。もともと親鸞の教えには「非僧非俗」のようなそれまでの仏教の常識を否定するような傾向が強い。それだけに誤解されることも多かった。弟子の唯円はインパクトの強い逆説的表現を駆使することによって、親鸞の真意を伝えようとしたのだろう。

他力本願の真骨頂を示す

　また、第五章には「親鸞は父母の孝養《こうよう》のためとて、一返にても念仏もうしたることいまださふらはず。そのゆゑは、一切の有情《うじょう》はみなもて世世生生の父母兄弟なり。いづれもいづれも、この順次生に仏になりてたすけさふらふべきなり。わがちからにてはげむ善にてもさふらはばこそ、念仏を回向して父母をもたすけさふらはめ。ただ自力をすてて、いそぎ浄土の悟りをひらきなば、六道《りくどう》・四生《ししょう》のあいだ、いづれの業苦にしづめりとも、神通方便《じんづうほうべん》をもて、まず有縁を度すべきなり」とある。

　これも親鸞独自の思想である。

父母のために追善《ついぜん》の念仏（死者を供養するための念仏）を唱えることは、子孫の当然の心情であり、務めでもある。しかし、亡き人はすでに生死の境涯を異にしているので、われわれ凡夫の力が及ばないところに行ってしまっている。もし、念仏が自力の行であれば、自力の念仏によって父母を救うこともできようが、念仏は弥陀《みだ》の計らいによる他力の行である。だから、人は急いで往生して仏となり、まずは有縁のものを救うべきである。

親鸞の念仏は絶対他力の念仏である。父母を救うためにとの意識があれば、それは自力の念仏になってしまう。常識外れともとれるこの言葉は、絶対他力の念仏の意義をシッカリと知らしめているのである。

さらに、第六章では「親鸞は弟子一人ももたずさふらふ。そのゆゑは、わがはからひにて、人に念仏させさふらはばこそ、弟子にもさふらはめ。ひとへの弥陀の御《おん》もよほしにあづかりて念仏もうしさふらふひとを、わが弟子とまうすこと、きわめたる荒凉のことなり」と言っている。

この「弟子一人ももたず」というのも特筆すべき親鸞独自の考えだ。念仏が「わがはからい（自分の意思で行う自力のもの）」であれば、

本願寺はなぜ西と東に分かれているのか？

京都駅の近くに西本願寺《にしほんがんじ》と東《ひがし》本願寺の大伽藍が向かい合うように建っている。天正《てんしょう》19年（1592）、第11代門主《もんす》の顕如《けんにょ》が亡くなると、一旦は長男の教如《きょうにょ》が第12世を継いだ。しかし、かねてから豊臣秀吉と不仲だった教如は秀吉から隠退を迫られ、わずか1年で門主の座を退いた。その結果、三男の准如《じゅんにょ》が門主となり、浄土真宗史上、はじめて長男以外の門主が誕生したが、いうまでもなく本願寺内部には大きな溝が生じた。

その後、全国を統一した徳川家康は巨大化した浄土真宗が一揆《いっき》などの温床となることを危惧し、勢力の分割を図った。家康は本願寺内部の混乱をうまく利用し、今の東本願寺の地に寺領を与え、長男の教如を門主として東本願寺を創建し、勢力の分散に成功した。以降、東西に分かれることになったのである。

師弟の関係も生じよう。しかし、念仏はあくまでも「弥陀の御もよほし（阿弥陀如来のはからい）」であり、阿弥陀如来の前にはわれわれはみな等しく凡夫《ぼんぶ》（ふつうの人）である。だから、弟子だの師だのということは「荒涼（無意味）のこと」だ。念仏の行者はみな「同行《どうぎょう》同朋《どうぼう》」である。そして、同朋が心を同じくして弥陀の本願にすがる。これが他力本願の真骨頂だ。

逆説的で常識破りの教え

『歎異抄』における親鸞の言葉はどれも極めて逆説的で、世間の常識を打ち砕くようなものが多い。人は自力によって結果を期待する。だから、いくら他力といわれても、一心に念仏するうちにはどうしても自らの念仏（努力）によって、救われるという認識に傾く。そこを鋭く突くのが親鸞のパラドキシカル（逆説的）な言葉だ。絶対他力を口で言うのは易しい。しかし、それを本当に自分のものにするためには、コペルニクス的な転回が必要なのだ。

なお、『歎異抄』のあまりにも過激な論調から、本書が果たして親鸞の語録かどうかということがしばしば論究されてきた。たしかに、本書には親鸞の他の著作では見られない見解や、あまりにも逆説的な見解が目立つ。しかし、前述したように、親鸞の晩年にはさまざまな異解があらわれて教団内に物議を醸し、親鸞自身もこの問題に悩まされたことはたしかである。そんな中で、親鸞が他力の教えを徹底するために、敢えて飛躍的な見解を述べたことは想像に難くない。唯円はそんな師の最晩年の法語を丁寧に聞き取り、これを綴ったものと考えられる。

親鸞の弟子の唯円は、親鸞の死後、その教えが曲解されたことを嘆き、生前の師の言葉を綴った。

日本人が書いた最高の思想書

『正法眼蔵』

経文

仏法《ぶっぽう》は人の知るべきにはあらず。このゆゑに、むかしより凡夫《ぼんぶ》として仏法を悟るなし、二乗として仏法をきわむるなし。ひとり仏にさとらるるゆゑに、唯仏与仏《ゆいぶつよぶつ》、乃能《ないのう》究尽《ぐうじん》といふ。

（第九一巻「唯仏与仏」より）

▼意訳

仏法は通常の人知では計り知れないものである。だから、昔からわれわれ凡人は仏法を極めることができないのだ。けっきょくのところ、仏のことは仏にしか分からない（「唯仏与仏」＝ただ仏だけが仏に与かることができる）。だとすれば、われわれが仏に会い、仏法を知るには、自ら仏になりきるしかないのである。つまり、悟りを得るには、仏になりきって、仏に会うより他に手立てがないというのだ。

海外からも高く評価されている思想書

日本の曹洞《そうとう》宗の開祖道元の主著で、日本人が書いた最高の哲学書として海外でも評価が高い。三一歳から五三歳で亡くなるまで、折に触れて説示された法語《ほうご》を和文で綴ったもので、全九五巻に及ぶ。

『正法眼蔵《しょうぼうげんぞう》』というのは釈迦が一生のうちに説いた正法（教え）という意味だが、本書の中にも道元が一生のうちに体得したすべての教えが説かれている。その中には、坐禅や禅宗寺院での行事、嗣《し》法《ほう》（弟子に教えを伝えること）などといった実践的なものも説かれている。もちろん、これも重要なのであるが、本書の真骨頂は自らの坐禅などの実践による思想的体験を吐露しているところにある。

このような高次元の思想的体験を表明した書は、日本はもとより中国にも見ることができない。また、仏教のとらえ方はそれぞれに個別のものであるが、日本人独自の仏教的立場を表明したものもない。そのことが、本書が日本人による最高の哲学書として、西欧でも高く評価されている所以《ゆえん》である。

紫衣を固辞した道元

紫衣《しえ》とは、学徳ともに優れた最高位の僧侶が着ることを許される紫色の法衣《ほうえ》（衣と袈裟《けさ》）のこと。唐代の中国では皇帝から賜ることになっていた。これにならって、日本でも平安時代には、天皇が希代の高僧に紫衣を授けるようになった。道元もその学徳が広く認められ、後嵯峨《ごさが》天皇は永平寺《えいへいじ》に勅使を遣わして、道元に紫衣を授けようとしたが、道元はこれを再三にわたって拒否した。紫衣を賜ることは僧侶にとってたいへん名誉なことだが、何よりも権威を嫌った道元にとっては、何の価値もないものだったのだ。しかし、最後にはこれを受け取ったが、終生、身に着けることはなかったという。

前述したように、本書は二三年間という長きにわたって、折に触れて道元の法語を記したものである。したがって、本書の構成は必ずしも組織的なものではないが、全体を通して道元の体感した仏教が生き生きと伝わってくる。そして、その全編を通して道元が追究したのは、「仏とは何か」「どうしたら仏に会うことができるか」、すなわち、いかにして悟りの境地に至ることができるかという、禅の原点だったのである。

ただひたすらに坐禅をする

そして、道元の結論らしきものが第九一巻の「唯仏与仏」という巻に見える（経文、意訳を参照）。

どのようにしたら仏に会い、仏になりきることができるのか。その方法について、道元は次のように述べている。

「仏道《ぶつどう》をならふといふは、自己《おのれ》をならふなり。自己をならふといふは、自己を忘るるなり。自己を忘るるといふは、万法《ばんぽう》に証《しょう》せらるるなり。万法に証せらるるといふは、自己の身心、および他己の身心をして脱落せしむるなり」

「万法に証せらるる」というのは、悟りの境地に至ること、つまり、仏に出会い、仏になりきることである。そして、「万法に証せらるる」ためには、自己を忘れ去り、主客を超えることだ。そうなったときには、身心をすべて捨て去ったような、実に軽やかな心持ちになるというのである。

道元はこのような悟りの境地を「身心脱落《しんじんだつらく》」と呼び、ただひたすら坐禅することによってのみ、身心脱落は実現するといった。このように、ただひたすら坐禅することを「只管打坐《しかんたざ》」といい、道元の実践の基本である。

永平寺と總持寺

永平寺第三世に徹通義介《てっつうぎかい》という人がいた。彼は道元の教えが難解で一般人の布教には適していないことを憂慮し、密教の加持《かじ》祈祷《きとう》などを取り入れた、民衆に受け入れやすい曹洞宗を目指した。そして、義介は加賀《かが》（石川県金沢市）に大乗寺《だいじょうじ》を開いて改革派の拠点とし、その弟子の瑩山紹瑾《けいざんじょうきん》が能登《のと》に總持寺《そうじじ》を開いて、永平寺と袂を分かつことになった。

その後、両山のあいだには争いが絶えなかったが、江戸時代に幕府の命により、両山を同格の大本山とし、宗派の最高権威である管長は交替で務めることになった。

明治の終わりに能登總持寺は火災で痛手を受け、これを機に首都に近い横浜の鶴見《つるみ》に移転した。ただし、能登の總持寺は總持寺祖院《そいん》として今も残っている。

總持寺祖院山門。

しかし、ただひたすら坐るといっても、坐禅をするだけではない。日常の行住坐臥《ぎょうじゅうざが》に至るまですべてが只管打坐、すなわち、修行だというのである。そのような只管打坐を実践したとき「万法すすみて自己を修証《しゅしょう》するは悟りなり」、つまり、あらゆる行いを修行として、それに没頭したときに万法の方がこちら(自己)に向かってやって来る、それが悟りの境地だというのである。

道元にとって修行と悟りは不即不離の関係にある。すべてを忘れて修行に没頭し、それに徹すれば、悟りは自ずから開けるというのだ。このことを道元は「修証一等《しゅしょういっとう》」といい、これも道元独自の思想である。

お経の特徴

道元が一生のうちに体得したすべての教えが説かれている

日本人が書いた最高の哲学書として高く評価されている本書には、道元の独自の思想が綴られている。それと同時に、坐禅や作務などの実践、さらには禅寺での日常生活など、道元が二三年間にわたって見聞したさまざまな事象が生き生きと記されている。その意味で、当時の禅寺の生活などを知る上で貴重な資料を提供している。

生き物だけでなく、あらゆるものが成仏できる

この他にも、『正法眼蔵』には道元の独自の思想がそこかしこに述べられている。

たとえば、「一切衆生《いっさいしゅじょう》、悉有仏性《しつうぶっしょう》」という言葉は、一般には「あらゆる生き物には、ことごとく仏性(仏になる素質)がある」と解釈されている。しかし、道元は「悉有は仏性なり」と解釈する。生き物ばかりでなくあらゆる存在(悉有)は、仏性そのものだ、と説くのである。

このような道元の考え方は「山川草木《さんせんそうもく》、悉皆成仏《しっかいじょうぶつ》」という思想にまで発展した。つまり、人間をはじめとする生き物のみならず、山や川、草木までも仏性があり、成仏するというのである。そこには、自然をこよなく愛した道元の独自の立場があらわされているのである。

道元禅の原典

『典座教訓』

経文

山僧《さんぞう》、天童《てんどう》に在《あ》りし時、本府《ほんぷ》の用典座《ようてんぞ》、職に充《あ》てらる。予ちなみに斎《さい》おわりて東廊《とうろう》をよぎり、超然斎《ちょうねんさい》に赴くの路次、典座、仏殿《ぶつでん》の前に在りて苔《たい》を晒《さら》す。手に竹杖《ちくじょう》を携え、頭に片笠《へんりゅう》なし。天日《てんひ》熱し、地甎熱《せんねつ》す。（後略）

意訳

私（山僧、道元）が天童山景徳寺《てんどうざんけいとくじ》で修行をしていたときのこと、天童山では慶元府出身の用という老僧が典座を務めていた。ある日の昼食後、私は東の廊下を歩いていたところ、仏殿の前で老典座が椎茸《しいたけ》を干していた。竹の杖を片手に、笠も被らず炎天下で黙々と作業をしている。灼熱の日差しで地面に敷いてある瓦は焼けるようだった。（後略）

老典座との出会い

典座《てんぞ》とは禅宗寺院の料理長のことである。修行僧の食を司ることから禅宗六知事《ろくちじ》（都寺《つうす》・監寺《かんす》・副寺《ふうす》・維那《いの》・典座・直歳《しっすい》）の一人に数えられ、非常に重要な役割である。『典座教訓』は、道元禅師が宋《そう》（中国）に留学したときに会った老典座から学んだことを書き綴ったもので、ここに道元禅の真髄が述べられているということができる。

また、飽食の時代といわれる現代においては、「食」の在り方、「生活」の在り方についての指針を示す貴重な教訓が満載されている。

たとえば、こんな話がある。

道元が中国（宋）に留学中のことである。ある日の午後、道元が修行していた天童山景徳寺で老典座が仏殿の前で椎茸を干している姿を見かけた。手に杖を突きながら、笠も被らず、焼けるような炎天下で黙々と作業を続けている。六知事の一人である典座が、どうして自らこんな炎天下で作業をするのかと不思議に思って道元が尋ねる。

道元は、炎天下に黙々と作業をする老典座から禅の原典ともいうべき精神を学んだ。

「どうして若い修行僧や下働きの人にさせないのですか」

すると典座が次のように答えた。

「他人にさせたのでは自分がしたことにはならない」

「なるほどそうかもしれませんが、どうしてこんなに日差しの強いときになさるのですか」

「きのこを干すにはこの強い日差しが必要なのです。今のこのときを逃したら、いつ干したらよいのですか」

道元はこの言葉を聞いて、それ以上、何もいえなくなった。そして、その言葉を深く胸に刻み込んだという。

つまり、人間の行いというものは、決して他者が代行できるものではない。仮に他者に代わってやってもらうことができたとしても、それは自分の行為ではないのだから、何の価値も持たない。そして、物事を行うにはそれに適した時期というものがあって、その時期を逃してしまえば、これまた価値のないものになってしまう。だから、この今を自ら全身全霊を傾けて行動する。炎天下で働く典座の姿は、当たり前ではあるが、まさに人間のあるべき姿を見事に示していたのである。

この典座との出会いは後の道元禅の原点にもなっている。

材料を差別しない

料理の材料に関して、それが上等だとか粗末だとか差別をしてはいけない。真心を込めて調理し、材料に感謝し、大切に扱う心を起こすことが最も重要なのである。上等とか粗末というのは材料自体の価値ではなく、それを扱う人の心のあらわれなのである。

昔、貧しい老婆が釈迦に椀一杯の米のとぎ汁を供養した。お粗末きわまる供養であったが、そこには老婆の真心がこもっていたために、釈迦から素晴らしいお褒《ほ》めの言葉をいただいた。

また、晩年、不遇の身で過ごしたインドのアショーカ王は、供養する物にも事欠いた。彼に許された供養物は半分のアマロク果だけだったが、王はこれを真心をこめて修行僧たちに供養した。そのた

たとえ粗末な供養の品でも、真心がこもっていれば最高の功徳を得られる。

懐石料理の起源は禅宗寺院にある

禅宗寺院の食事は朝夕の二食。禅宗寺院は山の中に建てられたので（100ページを参照）、いくら修行を積んだ僧侶でも、特に冬場には夕刻になると寒さと空腹に耐えかねた。

そこで、修行僧たちは拳ほどの石を温めて懐《ふところ》に入れ、それを食事に見立てて寒さと空腹を凌いだという。これが懐石《かいせき》という言葉の由来だ。ここから「ほんの少しだけ空腹と寒さを満たす質素な食べ物」を懐石と呼ぶようになったという。一万円も二万円もする豪華な今日の懐石料理のイメージとはかなりかけ離れたものだったのである。

め、未来には如来となって最高の安楽が得られるであろうとの予言を得た。

この二つの話に共通していることは、供養の品物こそ粗末でも、真心がこめられていれば最高の功徳が得られるということである。

お経の特徴

道元自身の言葉で綴られた悟りの経緯

本書には宋《そう》（中国）に五年間、留学していたときに体験したことをもとに、道元が禅とはいかなるものかと悟った経緯が、道元自身の言葉で記されている。そして、本書は料理を作る人の心構え、また、それを食べる人の心構えを説いた、日本で最初の書としても注目に値する。

ひたすら食事を作る

修行僧に少しでもおいしい食事を食べてもらおうと、ひたすら食事作りに専念するなら、その姿こそが人格の完成を目指す修行僧に他ならない。しかし、その心を忘れたなら、せっかく食事を作るという自己を磨く絶好の場を目の前にしていても、そのことに気づかないで通り過ぎてしまうであろう。

昔から典座を務めてきた先人たちが体験した最も大切な点は、このような自他の対立を離れ、善悪や利害といった執着を捨てて食事作りに励んだということである。

これから後に典座の職を務める修行僧も、そのような心構えで取り組むことによって、はじめてその修行の本当の意味を知ることができるであろう。

食事作りも心構えしだいで自己を磨く絶好のチャンスとなる。

国家の平穏を願う憂国の書

『立正安国論』

経文

旅客来りて嘆いて曰《いわ》く、近年より近日に至るまで、天変・地夭《ちよう》・飢饉・疫癘《えきれい》遍《あまね》く天下に満ち、広く地上に迸《ほとばし》る。牛馬巷《ちまた》に斃《たお》れ、骸骨路に充てり。（中略）是何《これいか》なる禍《わざわい》に依り、是何なる誤りに由《よ》るや。（後略）

▼意訳

ある旅人が来て次のように言った。近年、天変地異、飢饉、疫病などが凄まじい頻度で起きている。牛馬は巷に倒れ、道は行き倒れの人々の骸骨で溢れている。（中略）これはいったいどんな禍で、何を誤ったから起こったのだろうか。（後略）

「『法華経』だけが国を救う」と主張

日蓮（一二二二〜一二八二）が活躍した鎌倉時代の半ば、わが国では大地震などの天災地変が打ち続いた。日蓮は「正嘉《しょうか》元年（一二五七）八月二三日の大地震を見てこれを考《こうが》う」といい、天災地変が続く理由を考察した。

その結果、正法《しょうぼう》（正しい教え、『法華経』のこと）、すなわち、国家と国民がこぞって『法華経』を信仰しない限り、安国（国家の平穏）は訪れないという結論に達した。本書は文応元年（一二六〇）、日蓮が三九歳のときに当時の執権・北条時頼に献上された。

『立正安国論《りっしょうあんこくろん》』は主人と客との問答の形式で展開し、正法を信じることによって安国が訪れるという主人の主張を、客が徐々に理解していくストーリーになっている。

「世皆正に背《そむ》き、人悉《ことごと》く悪に帰す。故に善神《ぜんしん》国を捨てて相去り、聖人所を辞して還らず。是を以て魔来り鬼来り、災い起り難起る」

正しい教え（『法華経』）に背いてしたがわないから、神に見放され、聖人はどこかへ行ってしまって帰って来ない。だから魔や鬼が来て、災難が起こるのだ。

だからこそ、速やかに念仏などの他宗の布教を禁止し、国家と国民がこぞって『法華経』を信じなければならない。そうでなければ、神々の怒りによって他国に侵略され、内乱が起こるであろうと予言した。

幕府の怒りを買った過激な論調

それまでにも日蓮は同様の趣旨で種々の著作をあらわしてきたが、『立正安国論』の論法は熾烈《しれつ》を極め、特に幕府を名指しで非難するものだった。そのため幕府の怒

お経の特徴

他宗を徹底的に批判

本書の特徴は何といっても、他宗を攻撃する論調の激しさにあるといってよいだろう。日蓮は他者の説を徹底的に批判して自説の正当性を主張するという折伏《しゃくぶく》という手法を用いた。本書にはその日蓮の論法が遺憾なく発揮されている。また、この書の中で日蓮は『法華経』に帰依することによって国全体が平安になると主張したが、このような全人類的な視野に立った見解も極めて画期的ということができる。

『立正安国論』で国家の平穏を願った日蓮。

りを買い、日蓮は捕らえられて伊豆に流された。

ちなみに、本書があらわされてから八年後の文永五年（一二六八）、四七歳のとき蒙古《もうこ》からの国書が到来し、結果的に日蓮の予言は的中した。そこで、日蓮は再び幕府に上書し、禅や念仏などの他宗を激しく攻撃するとともに、すでに亡くなっていた前執権《しっけん》の北条時頼《ときより》や重時は無間《むげん》地獄に落ちたと極言した。このため、他宗の僧侶などの訴えにより、日蓮は再び捕らえられ、鎌倉の外れで危うく斬首《ざんしゅ》されそうになった。しかし、奇跡的に一命を取り留めて、佐渡に流された。文永《ぶんえい》一一年（一二七四）に赦免《しゃめん》となった日蓮は身延山久遠寺《みのぶさんくおんじ》を開山し、弟子たちの指導にあたった。

九死に一生を得る

日蓮は真夜中に江の島に近い竜《たつ》ノ口《くち》の刑場に引き立てられた。鎌倉幕府は日蓮を流罪にするという名目で捕らえたが、実は幕府の処刑場である竜ノ口で斬首にすることを目論んでいた。しかし、首切りの役人が刀を振り上げたとき、凄《すさ》まじい閃光《せんこう》が走った。これに目が眩《くら》んだ役人は倒れ伏し、護送の役人たちも恐れ慄《おのの》いてその場から逃げ去った。日蓮は大音声で「早く斬《き》れ！　夜が明けてからでは見苦しいではないか！」と叫んだが、もはや恐れをなしてだれも日蓮に近づこうとしなかった。けっきょく、日蓮を殺せばどんな災いがあるか分からないということで、佐渡に流されることになったのだ。

【参考文献】

『大正新脩大蔵経』各巻（大蔵出版）
『大乗仏典』各巻（中央公論社）
『仏書解説大辞典』（小野玄妙他編、大東出版社）
『仏典解題事典』（水野弘元、中村元 他監修、春秋社）
『仏教通史』（平川彰著、春秋社）
『インド仏教史』（平川彰著、春秋社）
『新・佛教辞典』（中村元監修、誠信書房）
『仏教・インド思想辞典』（早島鏡正監修、春秋社）
『仏教要語の基礎知識』（水野弘元著、春秋社）
『法華経』上・中・下（坂本幸男・岩本裕訳注、岩波文庫）
『歎異抄』（金子大栄校注、岩波文庫）
『ブッダ最後の旅』（中村元訳、岩波文庫）
『大乗経典を読む』（定方晟著、講談社現代新書）
『お経の基本がわかる小事典』（松濤弘道、ＰＨＰ新書）
『密教経典』（宮坂宥勝訳注、講談社学術文庫）
他

〈プロフィール〉

瓜生　中（うりゅう　なか）

1954年、東京に生まれる。早稲田大学大学院修了。東洋哲学専攻。仏教・神道・インド思想の研究、執筆活動を行い、現在に至る。著書に『仏教入門』（大法輪閣）、『知っておきたい日本の神話』『知っておきたい仏像の見方』『知っておきたい日本の名僧』（以上、角川ソフィア文庫）、『なるほど知るほどハッ！とする仏教』（佼成出版社）、『知識ゼロからのお寺と仏像入門』『知識ゼロからの仏像鑑賞入門』『知識ゼロからの神社と祭り入門』（以上、幻冬舎）などがある。

装幀　石川直美（カメガイ デザイン オフィス）
写真提供　東京国立博物館（Image : TNM Image Archives）、大法輪閣、
ヨコヤマ写真事務所、石川県観光連盟
本文デザイン　久下尚子
本文イラスト　青木宣人
編集協力　ヴュー企画（中尾貴子）
編集　鈴木恵美（幻冬舎）

知識ゼロからのお経入門

2013年10月25日　第1刷発行

著　者　瓜生中
発行人　見城徹
編集人　福島広司

発行所　株式会社 幻冬舎
〒151-0051　東京都渋谷区千駄ヶ谷4-9-7
電話　03（5411）6211（編集）　03（5411）6222（営業）
振替00120-8-767643
印刷・製本所　近代美術株式会社

検印廃止

ISBN978-4-344-90277-0 C2095
Printed in Japan
幻冬舎ホームページアドレス　http://www.gentosha.co.jp/
この本に関するご意見・ご感想をメールでお寄せいただく場合は、comment@gentosha.jpまで。